¡VÍA LIBRE AL GOZO!

WOMEN OF FAITH™

¡VÍA LIBRE AL GOZO!

Noventa devocionales

que añaden risa, diversión y fe a tu vida

PATSY CLAIRMONT   BARBARA JOHNSON

MARILYN MEBERG   LUCI SWINDOLL

SHEILA WALSH   THELMA WELLS

con JANET KOBOBEL GRANT

ZondervanPublishingHouse
Grand Rapids, Michigan

A Division of HarperCollins*Publishers*

EDITORIAL

Vida

DEDICADOS A LA EXCELENCIA

La misión de EDITORIAL VIDA es proporcionar los
recursos necesarios a fin de alcanzar a las personas
para Jesucristo y ayudarlas a crecer en su fe.

Traducción: *Alfonso Guevara y Haroldo Mazariegos*

Edición: *Leonan Pineda*

Adaptación de diseño interior: *Federico Loguzzo* FedeX

Adaptación de cubierta: *DSix Studio* Daniel González

Ilustración: *Lyn Boyer Nelles*

ISBN 0-8297-2206-8
Categoría: Devocional

Impreso en Estados Unidos de América

Printed in the United States of America

00 01 02 03 04 05 06 ❖ 07 06 05 04 03 02 01

CONTENIDO

x♥x♥x♥x♥x♥x♥x♥x♥x♥x♥x♥x♥x♥x♥

Tercera Parte
Viajemos calle abajo: ¿Baches? ¿Qué baches?

Cuarta Parte
Kilómetros de sonrisas:
Las delicias de viajar con buena compañía

Quinta Parte
Carga pesada: Cosas que queremos buscar, que queremos, que tenemos que arrastrar a través de la vida

Sexta Parte
¡Lleno!: Rellena de combustible tu alma

TOCA LA BOCINA SI TE REÍSTE HOY

Desarrolla un modo de pensar risueño

✗❤✗❤✗❤✗❤✗❤✗❤✗❤✗❤✗❤✗❤✗❤✗❤✗❤

EL DÍA LIBRE DE DWAYNE

Luci Swindoll

✗♥✗♥✗♥✗♥✗♥✗♥✗♥✗♥✗♥✗♥✗♥

Hay quien considera que un día tiene más importancia que otro, pero hay quien considera iguales todos los días. Cada uno debe estar firme en sus propias opiniones. El que le da importancia especial a cierto día, lo hace para el Señor.

ROMANOS 14:5-6

La Junta Directiva de la Mobil emitió un aviso que ofrecía un día libre adicional para todos sus empleados. Esto vino como una bocanada de aire fresco en el laboratorio donde trabajaba. Estábamos muy contentos. A cada uno se nos entregó un modelo en el que debíamos poner el día que preferíamos.

Mi amiga Doris, que era secretaria, le preguntó a su jefe el día que eligió. Dwayne, siendo muy inteligente y teniendo un doctorado, era una persona poco convencional.

—El 12 de agosto —dijo Dwayne.

—¿El 12 de agosto? ¿Está seguro?

—Pues, sí. ¿Por qué pregunta? ¿Habrán pedido muchos ese día ya?

—No. Ninguno. Me pregunto por qué quiere ese día.

—Porque es un viernes. Me gustan los viernes libres.

—Pero el año que viene no caerá viernes.

—Así es. Bueno, ¿cuál es el día que más han pedido?

—La mayoría prefiere el día después de Acción de Gracias.

—Pero ya tengo ese viernes de vacaciones.

Un tanto exasperada, Doris intentó tranquilamente de explicarle lo que era obvio.

—Dwayne, si la empresa le da el día libre, no tendrá que usar ese día como uno de vacaciones. Ya sería un día feriado. Tendría un fin de semana largo… ya sabe, cuatro días juntos.

—Entonces, ¿qué día tendría de vacaciones? —exclamó Dwayne con toda la seriedad del mundo.

—¿Qué le parece el 12 de agosto? —contestó Doris dándose por vencida.

—Buena idea —dijo Dwayne muy convencido.

Doris movió su cabeza y se marchó

Me he reído de esta anécdota por años. El muy querido y dulce Dwayne, brillante pero despistado por cosas bien simples. Cada 12 de agosto pienso en él. Ese día hago algo diferente. Llamo por teléfono a algunas de mis amistades del laboratorio en Dallas y charlamos… hago una hornada de panecillos en honor de Dwayne… me pongo a ver fotos de los sesenta y recuerdo mis amistades del laboratorio de la Mobil.

Tengo la costumbre de apartar ciertos días especiales para conmemorar un acontecimiento: cumpleaños, aniversarios, graduaciones. Mis diarios están llenos de recuerdos como «Hoy hace cuarenta años que mis padres contrajeron matrimonio.» O «Hace seis años que me fracturé la pierna.» O «Recuerda, Luci, que hace tres años compraste esta casa.»

Los días son importantes. Los espero. Espero el día que mis amistades vienen a pasar Acción de Gracias conmigo, el día que voy a visitar a mi hermano en la Florida. Y nunca puedo dejar de esperar que llegue Navidad.

La palabra días aparece más de quinientas veces en la Biblia. La ley mosaica dictaminaba días de fiesta cuando toda la congregación debía celebrar danzando, cantando, descansando de las labores y alabando a Dios. Estas eran ocasiones de gozo y alegría.

Te animo a que apartes días especiales para ti y tu familia. Veinticuatro horas para hacer algo diferente por completo de los otros días o simplemente no hacer nada. Bárbara Johnson ha declarado el primer día del mes como día festivo y lo reserva solo para ella. Me llama y me dice: «¡Tómate un baño y cambia las sábanas! ¡Es el primer día del mes!» Estos doce días en el año son singulares y particulares para Bárbara. ¡Me encanta eso!

Las personas más dichosas que conozco son las que están bien convencidas de que este es el día que el Señor ha hecho, y por eso se alegran y se gozan. Celebra todos tu días, incluso el 12 de agosto.

«Señor, danos gozo hoy en conocerte. Y ayúdanos a recordar que cada día de vida es un regalo tuyo. Amén.»

EL REGALO DEL MONTÓN DE PEDACITOS

Bárbara Johnson

✗❤✗❤✗❤✗❤✗❤✗❤✗❤✗❤✗❤✗❤✗❤

Así que levanten de nuevo las manos caídas, afirmen las
piernas temblorosas, y trácense sendas rectas, para que
el débil o el cojo que los siga no se lastime con ningún
tropiezo, sino que mas bien se sane y se fortalezca.

HEBREOS 12:12-13 (LA BIBLIA AL DÍA)

Charles Darrow estaba sin trabajo y pobre como un indigente durante los años de la Gran Depresión, pero logró mantener su sonrisa y sus ojos chispeantes. No quería que su esposa, que esperaba su primer hijo, se desalentara; por eso cada noche cuando volvía a su pequeño apartamento después de estar en las colas de los desempleados todo el día, le contaba divertidas historias acerca de cosas que vio... o imaginó.

Darrow era un hombre ingenioso y siempre salía con cosas que hacía reír a la gente. (No era como la mujer que dijo que una vez tuvo una idea genial, pero murió de soledad.)

Darrow sabía que su actitud influía mucho en su esposa. Su temperamento era del mismo color del que su esposa usaba para pintar su propio estado de animo. Si llegaba a casa agobiado e irritado, su ánimo decaía y desaparecía la sonrisa. Por otro lado, si lo oía llegar por las escaleras silbando hasta llegar a sus diminutos cuartos, ella le abría la puerta de repente, salía, se apoyaba en la baranda y se alegraba al verle subir por las escaleras. Fomentaban el regalo del gozo entre sí.

En su niñez, Darrow disfrutó de buenas vacaciones con su familia en la cercana ciudad de Atlantic City, y recurrió a esos recuerdos para mantener su ánimo en alto. Creó un simple juego con un pedazo de cartón cuadrado. Alrededor de los bordes del cartón dibujó una serie de «propiedades» y las nombró igual que las calles y sitios conocidos que visitara en esos veranos tan buenos de su infancia. Talló casitas y hoteles muy pequeños de trozos de madera sobrante y al jugar este juego todas las noches con su joven esposa, pretendían ser millonarios comprando y vendiendo propiedades, «construyendo» casas y hoteles como si fueran magnates extravagantes. En esas largas y oscuras noches, el pobre apartamento se llenaba de algarabía.

Charles Darrow no tenía intenciones de convertirse en millonario cuando se le ocurrió el «Monopolio», el juego que más tarde la compañía Parker Brothers comercializó alrededor del mundo, pero eso fue lo que sucedió. El pequeño regalo que se le ocurrió hacer de pedazos de cartón y madera fue una simple manera de mantener a su esposa en buen estado de ánimo durante la Gran Depresión y el embarazo; al fin y al cabo, ese regalo se lo devolvieron en forma de abundantes riquezas.

Más de cincuenta años después, el juego del «Monopolio» se sigue vendiendo por miles. Cada vez que pienso en esas casitas verdes y esos hoteles rojos, las singulares piezas del juego, y esas tarjetas de «sal de la cárcel» que nos hacían ir por todo el juego con una huida divertida, veo un ejemplo de gozo compartido. Darrow creó un regalo de alegría, compartido con el mundo, y el regalo se lo devolvieron a mil por uno.

¿Hay tiempos difíciles en tu pequeño apartamento o tu suntuosa mansión? ¿Estás agobiado de estar en líneas que no te llevan a ningún lugar? Si pareciera que tu mundo alrededor se derrumba y sientes que caes en una profunda depresión, no te desesperes. Como alguien dijo: «Hasta el sol se hunde cada noche, pero vuelve a levantarse cada mañana.» Recuerda que la buena temperatura en un hogar se mantiene con corazones cálidos, no con miradas frías, ni con un tibio entusiasmo, ni con sangre que hierva. Tu actitud establece el clima de toda tu familia. Por lo tanto, usa todos los pedazos que encuentres (aunque al principio sea tan solo un «pedazo» de una sonrisa) y haz un regalo con lo que tengas y verás como estos vuelven a ti.

«Querido Señor, cuando los tiempos son difíciles, ayúdame a ver que tus regalos de amor y de gracia están siempre ahí para mí. Enséñame a ordenar los pedazos sueltos de mi vida, envolverlos y atarlos con tu amor y compartir ese regalo con otros. Amén.»

¿CÓMO ESTÁ EL TIEMPO?

Marilyn Meberg

✗♥✗♥✗♥✗♥✗♥✗♥✗♥✗♥✗♥✗♥✗♥
Convirtió el desierto en fuentes de agua,
la tierra seca en manantiales.

SALMO 107:35

La ciudad de Palm Desert, California, donde vivo, es un paraíso por ocho y hasta nueve meses al año. Me asoleo diariamente bajo cielos azules con temperaturas invernales de veintiún grados centígrados.

Desde que soy una «energizada solar», la presencia del sol es crucial para mi sentido de bienestar. Como crecí en el noroeste del Pacífico, donde incluso las jiras campestres en verano se suspendían por la frecuente lluvia, me dio un gusto tremendo cuando en 1961 Ken y yo, ya casados, nos fuimos al sur a Garden Grove, California.

Ken se crió en Seattle y estaba más inclinado a la llovizna que a la energía solar. Como resultado, los dos primeros años de vivir en el soleado sur de California fueron hasta cierto punto un reto para él. Se sorprendía al echar de menos los grises y lluviosos días a los que se había acostumbrado. (Mark Twain dijo que el invierno más benigno que experimentó fue el verano que pasó en Seattle.)

Aunque yo también me crié en el noroeste, nunca me acostumbré a lo que parecía un invierno de doce meses. No comprendía cuánto me entristecía la lluvia hasta que nos mudamos al sur de California, pero me animé mucho en el momento que aterrizamos en los Ángeles. Me avergüenza tener mi salud mental bajo tanta influencia de la ausencia de lluvia y la presencia de sol, pero parece ser un hecho, esté o no orgullosa de ello.

Para celebrar nuestro primer aniversario de bodas, Ken sugirió que nos fuéramos a Palm Springs. Estaba apenas a dos horas de distancia y los precios de los hoteles estaban bajos por ser la tercera semana de junio. Ninguno de los dos conocíamos mucho de Palm Springs, solo que sonaba como un lugar exótico y romántico a donde ir. El que estuviera ubicada en el desierto de Mojave no representó ningún problema.

Al llegar al hotel nos dimos cuenta que el termómetro que tenía el banco al otro lado de la calle decía cuarenta y siete grados. Esto fue un poco sorprendente; habíamos oído de este tipo de temperatura, pero nunca la habíamos experimentado.

«Esto es absurdo», exclamó Ken, dejando caer nuestros bultos en el medio de la habitación y cayendo en la cama. «¿Quién con dos dedos de frente vive en un lugar como este? ¿Quién con dos dedos de frente paga por visitar un lugar como este? ¡Hasta el aire es demasiado caliente para respirar! ¡Me sorprende que las calles y las aceras no estén llenas de muertos sofocados por este aire!»

«Quizá los camiones del ayuntamiento se llevan los cuerpos antes de que se acumulen», sugerí. Al ver que esa idea no le parecía a Ken muy genial, le propuse que nos quedáramos en la parte honda de la piscina y respiráramos por un tubo hasta que el sol se pusiera. En un nuevo intento de hacerme la lista, dije: «Quizá al estar rodeado de toda esta agua te recuerde a Seattle.» Esta vez se rió entre dientes y dijo que me las vería con él en la piscina.

Después de unos minutos, nos acostumbramos a aquel lugar y lo pasamos muy bien. Como éramos los únicos en la piscina (tal vez a los demás se los llevaron los camiones del ayuntamiento antes que llegáramos), me senté casi sumergida en el agua mientras Ken hacia clavados desde el trampolín. Le señalé números con los dedos como si fuera una jueza olímpica y, con piropos de ánimo, le dije que sus clavados estaban mejorando y llegando a una puntuación de diez.

Esa noche nos dimos gusto y tuvimos una cena romántica en el Riviera Country Club y al día siguiente jugamos en la aun vacante piscina y nos volvimos a casa.

«Ken», le dije un tanto contenta, «creo que me ha encantado el desierto y me gustaría vivir allí algún día.»

«¿Bromeas? Eso es como decir que quisieras vivir en un cenicero. ¡De ninguna manera!»

Que ironía, pues unos veintitrés años más tarde, Ken vino a ser el director regional del distrito escolar de Desert Sands, que incluye todos lo vecindarios desde los límites de la ciudad de Palm Springs hasta la ciudad de Indio. Más irónico todavía fue cuando Ken le gustó tanto el desierto que lo prefería a la playa. Así que a mí también me gustó, aunque me tomó solo unos veinte minutos para decidirlo.

Una de las cosas que encuentro fascinante en la creación es la manera en que Dios mezcla los elementos negativos del medio con los positivos que le corresponden. Por ejemplo, sin las lluvias casi incesantes del noroeste, ningún ojo humano se encontraría con semejante escenario de verdor en todas direcciones. Y la nieve que acaricia el monte Hood, Reiner y la montaña de Saint Helen no existiría si en los niveles más bajos no hubiera lluvia. Quedó impreso para siempre en mi memoria sensorial el olor acre de la rica tierra húmeda y llena de una mezcla de hojas de pino, hierba y musgo. Me crié con ese olor en mis narices y, hasta hoy, es uno de mis aromas favoritos.

Del mismo modo, si Dios no hubiera creado el agua para el medio del desierto, sí sería un cenicero. Sin embargo, gracias al agua en el desierto tenemos verdes y lujosos campos de golf, palmas que se mecen lánguidamente y hasta arroyos. Rodeando toda la exuberancia del valle están las bellas montañas de San Jacinto, que convierten la puesta de sol en un calidoscopio de tonos rosados, azules y violetas.

El estilo creativo de Dios nos asegura que algo maravilloso compensará a algo que no llega a serlo. En todo, Dios parece muy equilibrado. Me encanta esto de él. También me gusta que me haya puesto en el desierto donde, en junio, julio y agosto, pueden encontrarme en la parte honda de la piscina respirando por un tubo o en la cumbre de una montaña leyendo un libro.

«Señor Jesús, gracias porque en verdad nos diste a tus hijos vida abundante. Gracias por la riqueza y hermosura de esa vida. Concédeme siempre la voluntad para ver esa hermosura, y el espíritu para verla como un don de tu mano bondadosa. Amén.»

DESCUBRIMIENTO SIDERAL

Patsy Clairmont

También hizo las estrellas.

GÉNESIS 1:16

Me sentí como el mismo Miguel Ángel, balanceándome de un lado al otro de la escalera, creando una obra maestra. Aunque confieso que el techo en el que trabajaba no era tan alto como el de la Capilla Sixtina, sí era lo bastante alto para mí. Además, no pintaba la mano de Dios; no, más bien la obra de su mano.

Ordenaba los cielos en su lugar, en el techo de la habitación de mi entonces pequeño hijo Jason, coloqué estrellas brillantes, cientos de ellas junto con los planetas y unos cuantos cometas para impresionar. Puse una por una, y me tome el tiempo de esparcirlas por todo el techo para que hiciera un efecto visual. Por fin, después de añadir a Marte y Plutón, terminé. Esperé a que cayera la noche y la revelación de suspenso.

Cuando vino la noche sobre nuestra ciudad, dirigí a Jason, a quien le vendamos los ojos, escaleras arriba a su habitación. (Soy dramática.) Entonces, ¡voila! Le quité las vendas y para mi sorpresa (y para su longevidad), quedó satisfecho. Los ¡Ah! y ¡Huy! abundaron a medida que señalaba las diferentes partes del «cielo».

Me imagino que soy como la mayoría de los padres que si pudiera le daría el mundo a sus hijos. Pensamos que no hay límites para los que queremos. ¿Y no es maravilloso que nosotros, también, tenemos un Padre que nos ofrece todo lo que vayamos a necesitar? Aquel que puso el sol, la luna y las estrellas, contempló todo su esfuerzo y dijo: (¡Voila!) «Todo es bueno», se le agradó diseñar las maravillas del universo para después presentárnoslas. Imagínate eso.

Me pregunto qué tipo de exclamación le saldría a Adán cuando vio por primera vez a un rinoceronte, o a un mono, o a un avestruz. Apuesto que si hubiera tenido una corneta, la hubiera tocado en ese día. Piensa en la serie de ¡ah! que cantó Eva (quizá fue la primera aria) cuando contempló el ocaso carmesí. Imagina la vista tan magnífica del firmamento que, sin ningún tipo de interrupción, ni difusión de las luces de la ciudad, ni polución, tuvo la primera pareja.

Las Escrituras nos dicen: «Toda buena dádiva y todo don perfecto descienden de lo alto, donde esta el Padre que creo las lumbreras celestes, y que no cambia como los astros ni se mueve como las sombras» (Santiago 1:17, NVI). Nuestro Dios es dador de regalos. Su generosidad es obvia cuando nos concede arco iris, cascadas, desfiladeros y blancas cumbres. Hay pocas cosas que conmuevan mi alma como los diferentes diseños en la creación. Esto me obliga a tomar tiempo libre de mi atareada vida para literalmente darle vía libre al gozo...¡ gozo visual!

En realidad, un día cuando estaba de visita en el desierto, se formaron nubes de merengue que caían sobre la cumbre de la montaña como una cubierta de nata. Detuve la bicicleta que montaba para admirar esta deliciosa escena por unos treinta y cinco minutos. Una noche la puesta del sol convirtió el horizonte que parecía un plato de melocotones y nata... de ensueño. El Señor nos sirve su apetitosa belleza en abundantes porciones y después nos invita a participar. Sus voilas se convierten en cosas que nos maravillan.

Desde el patio de Marilyn (¿quien otra sino Meberg?), ella y sus invitados pueden divisar una cordillera de montañas. Muchas veces la he acompañado al caer la noche para presenciar lo espectacular de la puesta del sol. Las montañas pasan por una serie de cambios impresionantes; desde un morado hasta un violeta oscuro al ponerse el sol y emerger la noche cubriendo las laderas para irse a dormir. Marilyn y yo nunca nos cansamos de estos despliegues de belleza que el Señor nos da. Nos salen varias exclamaciones de ¡ah! y ¡huy! cuando estamos en los sitios buenos y podemos sentir cómo la presión sanguínea se normaliza cuando las risas y carcajadas de gozo nos ayudan a expresar nuestra gratitud. Y nosotras, como Adán, tocaríamos la corneta si tuviéramos una.

«Señor, gracias porque, en un mundo entenebrecido por el pecado, la luz continúa viniendo de tu creación y llena nuestras vidas de sonrisas, carcajadas, gratitud y esperanza. Amén.»

EL DE LAS PATAS BLANCAS

Sheila Walsh

*E*l amor de Dios es un don que en ocasiones hace que te olvides de ti misma, tal como le ocurrió al tío Hugh en un frío día invernal, teniendo yo doce años.

Al salir, los remolinos del aire frío invernal nos alborotó el cabello que nos daba en la cara. Me gustaba el calor del fuego y los conocidos olores de la casa de Nana. Todos los domingos después del culto matutino en la Iglesia Bautista de Ayr, Stephen, Frances y yo nos íbamos a casa de Nana para almorzar y así poder regresar a tiempo a la Escuela Dominical a las tres de la tarde.

Ahora bien, hubo un domingo que fue especial. La familia en pleno estaba allí, así como la tía y el tío favoritos. En realidad, no eran de la familia, pero desde niños los llamábamos así y los queríamos. Mi tía trajo a su padre también, a quien llamábamos tío Hugh.

El tío Hugh era un personaje fascinante. En su cara estaban escritas muchas historias que guardaba para sí. Se sentó junto a la lumbre y no quiso acompañarnos a la mesa. Así que se le sirvió en el sitio calentito y acogedor donde estaba. Mi hermano, mi hermana y yo notamos que cuando eres anciano te dan el privilegio de comer cerca de la lumbre.

El tío Pete estaba a punto de dar gracias cuando en ese momento tío Hugh encendió la televisión. Mi tío se molesto. No solamente era domingo, cuando se desaprobaba ver televisión, ¡sino que puso las carreras de caballos!

«¡Papá, apaga eso de inmediato!», chilló mi tía.

«¡De ninguna manera!», gritó sobre la sopa, «esta es una gran carrera.»

Quedé cautivada por esta confrontación entre adultos. ¿Quién gana cuando todos son mayores?, me pregunte.

Mi abuela era un alma de Dios, pacífica y afable, y logró negociar un acuerdo. Tío Hugh podía ver la carrera si le quitaba el sonido. Con la firma de este tratado, tío Pete se enrolló en una larga oración de gracias digna de un domingo.

En medio de la oración, una voz retumbó en la habitación: «¡Caramba, fíjense en el de las patas blancas!»

Por un momento, nadie se atrevió a respirar. Luego mi madre pierde la compostura y casi se cae de la silla por la risa. Todos nos reímos hasta que las lágrimas nos rodaban por las mejillas.

Como dijera el escritor escocés George MacDonald: «El corazón que no está seguro de su Dios es el que teme reírse en su presencia.»

Así sucede a menudo con ancianos y niños que olvidan lo que tiene sentido común por lo que sienten en ese instante. Es algo en verdad refrescante. Malgastamos muchísimos años entre la niñez y la adultez al medir nuestro comportamiento según normas que nos parece ver a través de los ojos de los demás.

¡Dios nos ama tal y como estamos ahora mismo! Esa es una de las cosas de las que estoy más agradecida. Disfruto la libertad de ser quien soy en Dios. Oro que de aquí a un año, o de aquí a cinco años, sea una mujer más piadosa y sé que Dios no me amará más de lo que me ama en este instante.

¿No te has visto alguna vez entrando con cautela a la presencia de Dios, pensando en cómo serás recibida? Te diré que puedes entrar y salir del frío, sentarte cerca de la lumbre, subir los pies en la mesa y ser simplemente tú. ¡Eres amada, eres amada, eres amada... ¡aun con las patas blancas!

«Señor, gracias por amarme con un amor eterno. Ayúdame hoy a vivir en ese amor y a compartirlo con los demás. Amén.»

DOS PALABRAS MÁGICAS

Thelma Wells

El mejor de estos es el amor.

1 Corintios 13:13

Durante los primeros dieciocho años de casada, quise mucho que mi esposo dijera dos palabras en particular. Puede que las haya dicho un par de veces, pero fue tan esporádico que no creo poder recordar cuando las oí.

—¡Cariño, por favor, dime que me amas! —le decía—. Aunque mientas, ¡dímelo!

—¿Por qué tengo que decirte eso? Tú lo sabes. No tiene sentido que tenga que decirte eso cuando te lo demuestro siempre.

—Sé que me lo demuestras y lo agradezco. Pero solo dilo. Eso no hace daño —le rogaba.

¿Me creerás si te digo que nunca logré sacar nada de esas conversaciones?

Veamos, el medio de mi esposo fue muy diferente al mío. Su padre tuvo treinta y un hermanos. Como lo oye, treinta y uno. Tengo anotados sus nombres y cumpleaños para probarlo.

Se criaron en una inmensa granja al sur del estado de Tejas donde comían todo lo que producían ellos. Tenían ganado, cerdos, gallinas, caña de azúcar, legumbres, trigo (con su molino de harina), algodón, estanques de peces y whisky casero. Los chicos trabajaban siempre y cuando no estuvieran en la escuela. Toda la familia vivía en una casa de siete habitaciones en donde los cuartos eran casi tan grandes como algunas casas. Los chicos dormían en dos habitaciones y las chicas dormían en otras dos habitaciones.

Me imagino que como estaban juntos tanto tiempo, nunca se les ocurría decir «te amo». Al menos no a los chicos. Los enseñaron a ser hombres, y los hombres no muestran emociones. Los hombres no lloran, los hombres no dicen cosas dulces. En ese ambiente se crió mi esposo.

En mi caso, me crié en la ciudad, en Dallas. Sin caballos, vacas, ni cerdos. Lo más cercano a una granja para mí fue la huerta de mi abuela donde sembró algunos frijoles y verduras. Algunas uvas se dieron en la cerca y una vez aparecieron un par de sandías en la huerta. Tres de nosotros vivimos en nuestra casa. Teníamos una habitación, un sofá cama y una cama plegable en la terraza de la casa, protegida con tela metálica. Además, había algo que practicábamos en nuestra casa, de lo cual estaré agradecida eternamente. A menudo nos decíamos: «Te quiero.»

Así que, cuando me casé con George, luchamos para que las dijera. Años más tarde fuimos los anfitriones en la recepción que dimos a nuestra hija por sus dieciocho años. Durante su presentación dijo cosas muy buenas de sus padres. Sin embargo, contó una anécdota que conmovió los corazones de las doscientas personas que asistimos.

«Desde muy niña», empezó a contarnos Vikki, «mi mamá nos decía que nos quería. Mi padre nunca nos decía eso. Le decía: "Papá, te quiero", y él siempre contestaba: "Lo sé, Vikki."

»Bueno, papá, al fin ya sé lo que quieres decir cuando repites: "Lo sé, Vikki." En realidad, me dices: "Yo también te quiero." Está bien, papá. Sigue diciéndome eso y sabré lo que significa.»

Este relato nos conmovió. Algunos sollozaban y lloraban. Otros tenían los ojos llorosos y se notaba que habían tratado de contenerse. Aun mi esposo machista lloraba. El señor sin emociones, el que nunca hablaría en público enfrente de un auditorio, se acercó al micrófono y dijo: «Vikki, ven aquí, papá quiere decirte algo.» Teniendo el micrófono con una mano y abrazando a Vikki con la otra, dijo: «Papa te quiere, Vikki. Papá está orgulloso de ti.»

Desde ese día tan importante en 1981, casi todas las semanas nos dice que nos ama. ¡Aleluya!

¿Te gusta oír esas tiernas palabras de tu cónyuge, hijos, familia y amigos? Claro que te gusta. Ahora bien, saber que nos ama el omnipotente, omnipresente y omnisciente Dios es el mayor sentimiento de aceptación que cualquiera pueda tener. Cuando las personas no logren expresarnos su amor, siempre podemos depender en Jesús. Imagínate a Jesús mismo diciéndote: «Hija mía, te amo con un amor eterno. Te amo con un amor incondicional. ¡Te amo porque quiero amarte! Te amo incluso cuando otros piensen que no puedes ser amada. Te amo aun cuando hayas pecado y estés destituida de mi gloria. Te amo en las malas y en las buenas.»

«Dios, no podemos comprender la profundidad de tu amor. Sabemos que sin tu protección estaríamos en peligro. Sin tu provisión estaríamos en necesidad. Sin tu disciplina estaríamos en rebeldía. Sin tu cuidado no sabríamos lo que es compasión. Sin tu Hijo no

seríamos salvos. Cuando condicionamos nuestro amor por otros,
aun obligándoles a que nos digan que nos quieren, recuérdanos
que nos amas sin condiciones. Amén.»

PREOCUPACIONES DE LOS LUNES

Luci Swindoll

✗♥✗♥✗♥✗♥✗♥✗♥✗♥✗♥✗♥✗♥✗♥

Hagan lo que hagan, trabajen de buena gana, como para el Señor y no como para nadie en este mundo, conscientes de que el Señor los recompensará con la herencia. Ustedes sirven a Cristo el Señor.

COLOSENSES 3:23-24

Lunes… muchos quehaceres. Como viajo casi todos los fines de semana, el lunes es el día que deshago las maletas. Hay siempre reguero, cosas por todos lados, maletas por aquí y por allá. Como soy muy organizada, detesto el reguero.

También hay ropa sucia… montones de ropa que necesito lavar. ¡Y esos montones se multiplican por la noche! Tengo la teoría que después que el Señor venga y el tiempo deje de ser, en algún lugar, en algún rincón del mundo, habrá ropa sucia que espera, multiplicándose.

Cada lunes paso por el mercado, la tintorería, el banco, el correo, la gasolinera, la peluquería… ¡Quiero un respiro! Los lunes me molestan.

Pero… no del todo. Me gustan los lunes de otra manera. Me encanta vaciar las maletas y ponerlo todo en orden. Eso me satisface. Me agrada sacar la ropa de la secadora y ponerme a doblarla estando aún calentita.

Y, francamente, mi gusto por el banco creció. Pues tengo mi propia cajera. Se llama Gwen. Es muy agradable, con una sonrisa perenne y con mucho calor humano. Es una cristiana muy atenta y paciente. Le obsequio libros que mi hermano ha escrito y eso lo aprecia. Para mí es un gozo hacerla feliz. Tenemos muy buenas charlas.

Y también me gusta ir de compras. Me gusta tener todas esas variedades y anticipar la preparación de maravillosas comidas. Me llevo un ramo de flores frescas y no logro quitarme la sonrisa de mi cara. De vez en cuando, pongo un tarro de pepinillos, una laca para el cabello o un paquete de salchichas en el carrito de un comprador despistado solo para entretenerme y ver la reacción de sorpresa de esa persona a la hora de pagar.

Hasta ir al correo puede ser provechoso. Me encanta comprar sellos. La semana pasada, compré diez sellos y le regalé dos a cada una de las cinco personas que estaban detrás de mí. Les dije que no me gustaba esperar en la fila y que estaba segura que a ellos tampoco. Así que por eso, les hacía un regalito. Mi propio y pequeño acto espontáneo de amabilidad.

Los lunes por la noche, siento un gozo genuino al sentirme satisfecha. Me reí un poco, disfrute un par de charlas con sentido y pude demostrar amor de una manera tangible a completos desconocidos.

¿Cuál es la diferencia? ¿Por qué a veces me siento abrumada de quehaceres detestando todo ese día? Además, ¿por qué otras veces me lleno de entusiasmo y me encanta el día? ¡Perspectiva! La perspectiva lo es todo. Pablo nos anima a que todo lo que hagamos sea de todo corazón. Nos dice que le pongamos toda el alma. Cuando es así, puedes hacer cualquier cosa. Los días más ocupados pueden ser los más alegres.

Todos tenemos cosas que hacer en la vida, pero podemos elegir como queremos hacerlas. Depende de nosotros. Hay una única manera para tener gozo… «hacerlo todo como para el Señor».

A propósito, si eres la que llegó a casa con un tarro de pepinillos de más, disfrútalos. Ponlos en la ensalada y míralo de esta manera: Ayudaste a que alguien sonriera hoy. La perspectiva lo es todo.

«Padre, ayúdanos a darnos cuenta que la vida es lo que hacemos. Enséñanos a hacerla nueva cada mañana… divertida, sana y completa. Te damos gracias porque nos cuidas cada día de nuestras vidas…¡incluso los lunes! Amén.»

UNA CANCIÓN POCO COMÚN

Marilyn Meberg

❌❤❌❤❌❤❌❤❌❤❌❤❌❤❌❤❌❤

Canten al SEÑOR con alegría.

SALMO 33:1

Si un mes atrás alguien me hubiera pedido mi opinión sobre canalones, me habría quedado en blanco. Tengo firmes opiniones políticas, teológicas, e incluso sociales, pero ninguna sobre canalones.

Por ejemplo, tengo una sólida opinión sobre el color amarillo verdoso. Debería ser ilegal. A cualquiera que se pescara vistiendo de este color, tuviera un objeto del mismo color o lo usara de cualquier forma, debieran multarlo por una gran suma y obligarlo a tener una buena relación profesional con mi computadora. Debido a la naturaleza tan perversa de mi computadora, el último de los castigos probaría ser cadena perpetua.

¿Tener una opinión sobre canalones? Bueno, todo eso cambió. Mi experiencia de conversión ocurrió hace un mes.

Comenzó con los avisos de la llegada de las tormentas de El Niño este invierno. Desde que vivo en el desierto, las lluvias torrenciales son una experiencia muy rara para nosotros. Ahora bien, dado que la naturaleza de El Niño es muy caprichosa, empecé a preguntarme si mi pequeña casa debería tener canalones. La lluvia que tuvimos este ultimo invierno nos trajo un reto para canalizar el agua, ya que esta, que venía del techo y caía sobre las entradas de la casa, encontraba su manera de caer en mi cuello y hasta en mis zapatos.

Cuando se apareció a mi puerta el señor de las páginas amarillas para montar los canalones, preguntó:

—¿Dónde quiere que le instale los canalones?

Me tomó de sorpresa. Me imaginé que los pondría alrededor de todo el techo y después se iría a casa.

—Bueno —dije vacilante—, no quiero que me caiga el agua encima cada vez que salga por la puerta, así que lo que quiero es que los canalones eviten eso.

—Entonces, ¿los quiere encima de las dos puertas?

Empecé a darme cuenta de qué manera subestimé el potencial de la gran variedad de canalones. En cuestión de minutos los dos decidimos hacer un diseño especial que fuera bien con el declive del terreno, donde estaban ubicadas las puertas y el garaje de la casa. Nunca en mi vida había considerado las diferentes y variadas maneras por la que uno puede desviar el agua por tubos y canalones que vierten el agua en algún otro lugar en vez de encima de mi ropa.

Quedé tan fascinada con la colocación de los canalones, que no podía ir a montar bicicleta con Luci y Patsy sin desviarme de la ruta para inspeccionar la pared de algún vecino y ver cómo había puesto sus canalones. Descubrí que los canalones pueden instalarse para verter el agua en la maleza fuera del patio, hacerle elegantes curvas para que descargue en la calle o, incluso, ¡hasta en la misma sala del vecino! El potencial no tiene límites.

La configuración de los canalones en una casa dos cuadras más abajo, me tiene intrigada. No veo cómo puede funcionar bien porque, al encaramarme en la pared de cinco pies de alto y ver el patio, vi que el canalón no salía lo suficientemente hacia fuera de donde estaba la puerta corrediza. Me temo que cuando El Niño venga tempestuoso contra nuestra ciudad, esos vecinos tendrán una habitación inundada.

Les expresaría mi preocupación a esos vecinos, pero parece que nunca están en casa. La semana pasada me di cuenta al ver por la ventana de la cocina que tienen un arreglo floral de color amarillo verdoso sobre la mesa del comedor. Entonces decidí no hacer más esfuerzos para avisarles.

Todo este asunto de los canalones resalta un principio básico para una vida feliz: las cosas pequeñas de la vida suelen absorberme, agradarme o hacerme reír. No tenía ni idea que un mundo de información sobre los canalones me aguardaba para descubrirlo. Ahora que lo encontré, el tema me ha dado mucho placer.

Debo admitir que el público para mi recién descubierto conocimiento parece ser limitado. Cuando Luci, Patsy y yo nos vamos a montar bicicleta y de pronto salgo disparada para inspeccionar algo que está de camino, ellas pedalean más fuerte y desaparecen a la vuelta de la esquina. Parece ser, que ninguna de las dos tiene deseo alguno de desarrollar una opinión sobre los canalones. Sin embargo, me imagino que eso es bueno. Al menos, sus bicicletas tienen el color adecuado.

«Señor, gracias por ser la fuente de todo gozo, la inspiración de toda canción. Gracias por inspirar un cántico de gozo no solo en los sitios normales, sino en los lugares poco comunes. Gracias por tener cosas nuevas por las cuales cantar y cosas nuevas que conocer. Amén.»

CHUPETES

Patsy Clairmont

Cuando yo era niño...

1 Corintios 13:11

Hace poco tuve una idea muy simpática; se me ocurrió durante un culto. Un hombre se levantó en medio del culto y se fue por el pasillo hacia atrás cargando a su niño. Es obvio que al pequeño no le impresionaba mucho el sermón. Para mantener a todos ajenos del descontento del niño, el padre le taponó la boca. Un chupete sobresalía de la boca del pequeño, manteniendo así el asunto embotellado. Su cara aparecía un tanto rojiza al contener sus opiniones y parece ser que el chupete cumplía sus propósitos.

Esta es la idea que tengo: me gustaría fabricar chupetes para adultos. ¿Qué te parece? A mí me hace reír. Quizá digas que eso es una locura. Bueno, no tan rápido.

¿No conoces algunas de esas personas pesadas que quisieras ponerles un tapón de corcho? Vamos, sé sincera. Esos chupetes pudieran prevenir disensión innecesaria, promover buena voluntad entre la humanidad e incluso crear más contentamiento. ¿Captaste la idea?

Recuerdo un par de veces que debía haberme puesto un chupete de esos en vez de haber dicho algo indebido contra algún oponente. Todos hubiéramos salido mejor si lo hubiera hecho. Mi gozo, sin duda, hubiera crecido porque me he dado cuenta que las primeras palabras que me salen no suelen ser las mejores. Es más, mi huracán de palabras reaccionarias tienen la capacidad de ser groseras. Más de lo que quisiera admitirlo, la manera que respondo verbalmente se basa en un sentimiento inestable como lo es el dolor. Este puede ser tan inconstante como el amor. En mi esfuerzo de ocultar y proteger mi vulnerable (y orgulloso) corazón, he llegado a usar un lenguaje duro que pone a los demás *en garde*. Mi reacción implica un mensaje inadecuado. Grita: «Estoy enfadada», en vez de confesar: «Estoy dolida.»

Además, el lenguaje duro y cortante puede herir al oyente. En el calor del momento, eso satisface de cierta manera. *¡Touché!* Sin embargo, cuando los ánimos se enfrían, casi siempre nos arrepentimos de nuestra tonta reacción.

Es ahí cuando se necesitan los chupetes. Imagínate qué diferente hubiera sido si los chupetes hubieran entrado en acción oportunamente. Por ejemplo, imagínate a Pedro en el huerto de Getsemaní. En vez de desenvainar su espada para cortarle la oreja a un soldado, Pedro pudiera haber levantado la mano para indicar que necesitaba cinco minutos en el banquillo. Para así meter la mano en un saquito de piel atado a su cintura y sacar un chupete bien usado. Después de reflexionar con chupete en boca, se hubiera dado cuenta de lo inapropiado que fue la embestida y en su lugar se hubiera vuelto en busca de la dirección del Señor.

¿Ves como esta idea tiene mérito? Es más, puedo imaginarme la instalación de estos chupetes-calmantes como equipo estándar en los automóviles. Cuando alguien en la carretera se nos atraviesa, apretamos un botón (en vez de ponernos a pitar) que a su vez hace que uno de estos chupetes nos caiga encima. Echamos mano de nuestro chupete y después de chupar intensamente, nos sentimos listos para seguir el viaje... más tranquilos.

¿Y qué de la escuela? ¿No creen que toda escuela de media básica superior debería tener en sus pupitres uno de estos chupetes? Entonces, cuando la beligerancia es la actitud del momento, durante el receso, estudiantes y maestros pueden calmar los ánimos chupete en boca. Pudieran tener un salón de chupetes en vez de un salón de castigo. Así los rebeldes se ocupan del chupete en vez de causar más problemas.

Si pudiera, fabricaría diferentes tipos de chupetes, de todos los colores, que combinaran con nuestras ropas, estados de ánimo y decoración. Daría estas piezas de goma elástica como regalos, muchos de ellos. Los haría personalizados, con sabores, en colores y con bordes dorados. Organizaría convenciones de chupetes y hasta maratones para premiar a la persona que tuviera una pieza de estas en la boca por más tiempo.

Solo una cosa me juega una mala pasada con esta idea. El resto del versículo de 1 Corintios 13:11: «Dejé atrás las cosas de niño.» Ah, ¡qué cosas!, eso estropea mi frivolidad.

¿Y tú? ¿Practicas algún juego de niños? ¿Necesitas crecer?

«Señor, ayúdame a no buscar una salida fácil como un niño busca el recreo o un bebé busca su chupete. Ayúdame a responsabilizarme de mis actos y reacciones ante ti y los demás. Gracias porque puedo decidir no hacer más niñerías y experimentar el gozo de un niño. Amén.»

EL GOZO VIENE POR CORREO

Bárbara Johnson

✘❤✘❤✘❤✘❤✘❤✘❤✘❤✘❤✘❤
No estén tristes, pues el gozo del Señor
es nuestra fortaleza.

NEHEMÍAS 8:10

Bill y yo viajamos hasta treinta y nueve fines de semana al año para dar conferencias y a veces los domingos por la tarde nos quedamos paralizados en el cobertizo del auto, casi exhaustos, sin poder bajar el equipaje.

Tan pronto entro a la casa, lo primero que capta mi atención es el montón de correspondencia que la vecina nos dejó encima de la mesa de la cocina. En uno de mis más recientes libros, Joy Journal [Diario del gozo], el editor incluyó tarjeticas postales al final del libro para que los lectores las arranquen y me las envíen. Al estar parada ahí, pensando en cómo buscar fuerzas para desempacar las maletas y ponerme al día con todo el trabajo, invariablemente tomo una carta, quizá una de esas tarjetas, y la leo. He aquí unas muestras de varias de esas tarjetas postales:

Bárbara: Como no nos acusas ni nos juzgas, nos ayudas a no acusar ni juzgar a nuestro hijo. Sigue amándole y mantén nuestra comunicación abierta entre él y nosotros así como entre nosotros y el Señor. Que su amor a través de ti y nosotros traiga sanidad.

Querida Bárbara: No temas al mañana … Dios ya está allí.

Querida Bárbara: ¡Eres maravillosa! Que el Señor te bendiga ricamente así como tú me serviste de bendición a mí.

Querida Bárbara: ¡En verdad Dios te ha bendecido para ayudarnos con tanta risa a todas las mujeres! ¡Sigue mandando más gozo!

Querida Bárbara: Es cierto, de todo lo que he perdido lo que más extraño es la mente. ¡Es difícil ser nostálgica cuando no puedes recordar nada! ¡Siempre he tratado de tener una mente abierta… y como resultado, al descuidarme, todo lo que sabía voló por la puerta!

Querida Bárbara: ¡Has oído esta? «No todas podemos ser una estrella. ¡Algunas somos puntos negros!»

Parada allí, leyendo la correspondencia, mis baterías se cargan rápido de gozo y enseguida me pongo en movimiento por toda la casa con una sonrisa y un canto en mi corazón. (Me ayudó también que, mientras estaba parada en la cocina, ¡Bill llevó el equipaje a la habitación y desempacó!) Proverbios 17:22 dice: «Gran remedio es el corazón alegre», y esa es la tónica que percibo cuando leo estos mensajes alentadores. De pronto mi pequeña cocina tiene algo en común con el glorioso cielo de Dios, donde, de acuerdo a 1 Crónicas 16:27 «poder y alegría hay en su santuario».

A veces, después de terminar el complicado trabajo de escribir otro libro o un viaje agotador por un compromiso de prolongadas conferencias, me siento como si hubiera dado todo lo que puedo. Cualquiera que sea el proyecto, lo lanzo al mundo… y luego regresa trayendo fortaleza y gozo en palabras de mujeres (y hombres también) de todo el planeta.

Claro está, mi correspondencia también incluye cartas llenas de heridas y dolor. El conmovedor grito de padres que perdieron un hijo por la muerte o la separación. Sin embargo, para animar a esos padres recibo la fuerza de cartas llenas de gozo que, al darme cuenta, recibo de muchos que me escribieron alguna vez con el mismo dolor devastador que expresan los «nuevos» padres que me escriben.

Y ahora, ahí están, capaces de sonreír una vez más e incluso reírse un poco. Vieron cómo Dios cambió su lamento en gozo, y eso se convirtió en su fortaleza. ¿Sabes de alguien que le sea útil una palabra de aliento hoy?

«Querido Dios, tú sabes cuán fatigadas nos sentimos, cuán dolidas estamos y nos levantas el ánimo con tu amor, con tu constancia y tu preciosa Palabra. ¡Gracias Señor! Amén.»

¡PARADAS EN EL CAMINO!

Sheila Walsh

✖❤✖❤✖❤✖❤✖❤✖❤✖❤✖❤✖❤✖❤
Aleja de tu corazón el enojo, y echa
fuera de tu ser la maldad.

ECLESIASTÉS 11:10

Si conduces muy rápido por la autopista, la policía puede pararte. Sin embargo, nadie puede obligarte a parar en el camino. Lo decides tú. Lo mismo ocurre en la vida. Las emergencias nos obligan a parar, pero las paradas de gozo las planificamos y disfrutamos.

Mi esposo, Barry, y yo planificamos a menudo dichas paradas. Tenemos una lista de actividades para cuando la casa se nos cae encima o cuando no dormimos mucho debido a que nuestro bebé en Cristo está en la dentición, o cuando llueve desde hace diez días. Ponemos los vídeos de personajes que nos gustan.

Uno de ellos es Hyacinth Bucket. Hyacinth es el personaje principal de una comedia de la televisión británica llamada «Keeping Up Appearances» [Manteniendo las apariencias]. Ella es ridículamente presuntuosa y se rodea de un elenco de simpáticos amigos y familiares. Su cuñado dice que «no tiene sentido salir de la cama por la mañana si, al fin y al cabo, todos nos vamos a morir». A su muy sufrido esposo le «dotaron» con una prematura jubilación y ahora tiene días llenos de Hyacinth. El vicario de la iglesia huye cada vez que la ve venir, pero nunca se escapa. Su vecina siempre derrama el café en la alfombra porque Hyacinth la pone nerviosa.

De vez en cuando Barry y yo nos miramos y decimos: «Este es un momento Hyacinth.» Él va y busca una bolsa de papas fritas y salsa. Yo me hago un poco de té caliente y me llevo una bolsa de galletas con pedacitos de chocolate, donde está la televisión. Ponemos un vídeo y nos reímos hasta que nos duelen las mejillas.

Es bueno animarse y reír cuando la vida nos pesa. No cambiará ninguna de las circunstancias en que estés, pero cuando puedes reír de las gracias de otros, eso te ayuda a aliviar el peso.

¿Te viene algo a la mente? Puede ser algún episodio predilecto de la televisión de antaño, en blanco y negro, que era cómico. Quizá es un vídeo de familiares y amigos que te hace reír cuando lo ves. O quizá es una de esas películas que te hacen llorar, pero con un final feliz. Así que mete la cinta de vídeo, prepara una merienda y levanta los pies. ¡No hay nada como un buen helado y un vídeo cuando las cuentas están vencidas, la ropa sucia llega hasta el techo y el gato acaba de expulsar una bola de pelo encima del perro!

«Señor, te doy gracias hoy por las paradas de gozo que tuve en el camino. Gracias por poder parar y reír, relajarme y deshacerme de todas mis preocupaciones. Decido hacer esto hoy. En el nombre de Jesús. Amén.»

GENTE JUGUETONA

Marilyn Meberg

Pero Jesús llamó a los niños y dijo: Dejen que los niños
vengan a mí, y no se lo impidan, porque el reino de
Dios es de quienes son como ellos.

LUCAS 18:16

¡Me agrada la gente juguetona! Me atrae la gente que no es tan sofisticada ni recatada para entrar en juegos y bromas, como a un niño de dos años le atrae el fango. Ken Meberg era ese tipo de persona.

Uno de mis muchos juegos con él era alrededor del adhesivo de Ajax. Ya sabes, el que cubre los orificios en la tapa de dicho limpiador.

Una noche, mientras limpiaba el lavabo, el adhesivo me llamó la atención. Al quitar el adhesivo, pensé que en realidad aún no había visto el último de sus usos. Estaba tan duro y pegajoso, que me pareció un desperdicio tirarlo a la basura.

Lo llevé al cuarto y supuse el par de pantalones Ken usaría al otro día para ir al trabajo. Le puse al adhesivo por dentro de una de las piernas del pantalón, lo bastante abajo como para que su ropa interior no lo protegiera, pero a su vez lo suficientemente alto como para que un movimiento de su mano en esa dirección se mostrara algo poco delicado.

Como esperaba, al día siguiente Ken llevó puesto los pantalones que le había «marcado», pero no dijo nada en absoluto cuando regresó a casa. Me moría de la curiosidad, sobre todo porque dirigía una reunión que exigía que se pusiese de pie enfrente de la gente casi todo el día. Pero me aguante y no le pregunté.

Después de cambiarse de ropa y estar en el patio con nuestro hijo Jeff, fui corriendo a la habitación a revisar sus pantalones. El adhesivo había desaparecido.

Varias semanas después, dando una conferencia en un almuerzo, me di cuenta poco a poco de algo que me rasgaba y causaba irritación en mi axila derecha. No importaron la cantidad de contorsiones ingeniosas, nada me alivió. Rascarme la axila era algo impropio, ya que me rodeaban señoras de alcurnia que quizá nunca en la vida cedieron al impulso de rascarse. Más tarde, en casa, descubrí el adhesivo de

Ajax estratégicamente colocado en la parte de la axila en la manga de mi blusa de seda.

Este juego continuó por varias semanas sin saber ninguno de nosotros dónde aparecería el adhesivo. De las veces que apareció, mi favorita fue cuando un policía paró a Ken por pasar el semáforo que cambió de amarillo a rojo mientras estaba en medio de la intersección. Cuando Ken le enseñó al policía su licencia de conducir, este se rió y dijo:

—Le debe gustar poco su foto de su licencia de conducir.

—Bueno, no mucho…

—Entonces, ¿por qué está tapada su cara con algún tipo de adhesivo?

Varios días después Ken entró a la cocina con el gastado adhesivo y fingiendo seriedad anunció que el adhesivo había muerto; dejó de ser pegajoso. Fue entonces cuando hicimos las paces riéndonos y contándonos las diferentes experiencias que tuvimos con el adhesivo.

A veces pienso que como adultos responsables nos imaginamos que las travesuras pueden traducirse en niñerías o tonterías. Tenemos que admitir que no hay nada más trágico que un adulto que no logra adquirir la madurez y la sabiduría necesarias para disfrutar una vida productiva. Sin embargo, igual de trágico es el adulto que olvida cómo seguir sus instintos de juego y distracción.

Como en todos los ámbitos de una vida de éxito, nos esforzamos en tener equilibrio. El filosofo danés Kierkegaard sostiene que lo que debemos recordar en vida es «que todos poseemos una cualidad de ser como un niño, pero que esa cualidad no debe apoderarse de nosotros». Dar rienda suelta a nuestros impulsos infantiles no es menos deseable que reprimirlos. La persona madura puede reconocer la diferencia entre los dos mundos y elegir cuál de ellos es el más apropiado para el momento.

Jesús dijo que era imposible entrar al reino a menos que seamos como niños (Marcos 10:15). Al parecer el Señor le dio suma importancia a esta cualidad. La verdad más profunda del Universo es que Dios nos ama; sin embargo, muchos no entienden esta verdad por ser tan simple. Cuando Jesús dijo: «Te alabo, Padre, Señor del cielo y de la tierra, porque habiendo escondido estas cosas de los sabios e instruidos, se las has revelado a los que son como niños» (Mateo 11:25), nos recuerda que a veces es preferible ser como niños.

«Señor, gracias por haber creado en cada uno de nosotros un espíritu de ser como niños, que es capaz de soñar, maravillarse y entusiasmarse. Enséñanos a disfrutar mucho con esa libertad y simplicidad, a confiar en ti y en tu Palabra. Amén.»

AJUSTA EL VOLANTE
Contempla la vida desde otro ángulo

✖❤✖❤✖❤✖❤✖❤✖❤✖❤✖❤✖❤✖❤

EL FESTÍN FABULOSO

Sheila Walsh

✗♥✗♥✗♥✗♥✗♥✗♥✗♥✗♥✗♥✗♥

Sin embargo, como está escrito: «Ningún ojo ha visto,
ningún oído ha escuchado, ninguna mente humana ha
concebido lo que Dios ha preparado
para quienes lo aman.»

1 CORINTIOS 2:9

Cuando era niña, descubrí que era un tanto difícil emocionarme mucho por el cielo, pues presentía que todos íbamos a estar de pie alrededor del trono cantando «Aleluya, Señor», cinco millones de veces. Eso es tan absurdo como... bueno, imagínenselo.

Era una noche perfecta para un banquete. El cielo estaba transparente como un cristal, las estrellas resplandecían como si les hubieran dado brillo para la ocasión. Las furgonetas de reparto iban y venían todo el día. Flores frescas, vasos de cristal y candelabros de plata se colocaban con cuidado dentro de la carpa con rayas verdes y blancas. Se contrató un equipo de los mejores jefes de cocina de la comarca para aquella noche, y meses de planificación se emplearon para cuidar cada detalle y así asegurar que este iba a ser el acontecimiento social del año.

En el último minuto, a Peter Snow lo contrataron para ser el maestro de ceremonias. Mientras trataba de ponerse el esmoquin, le pidió a su esposa que arrancara el auto. Le plantó un beso rápido en la mejilla y salió. Eran las siete y cuarenta y cinco cuando estacionaba su auto en la marquesina. La ayudante de John Ramsey le esperaba.

—¡Gracias a Dios que ya está aquí! —exclamó—. Empecé a creer que se había perdido.

Se dio la vuelta y desapareció por un montón de impresionantes puertas. Entre dientes, Peter comentó algo sobre el tránsito, tratando de ir al paso de ella.

—La comida está allí —dijo ella, apuntando a través de una puerta en forma de arco—. Familiarícese con el menú. El señor Ramsey desea que usted anuncie la cena de esta noche al llamar a los invitados a cenar.

Después salió. Peter reviso su peinado y su pajarita en un espejo de oropel, luego entró al salón de cenar. La mesa estaba llena de platos

43

de porcelana llenos de un caldo, que después de una investigación, probó ser consomé de faisán. El olor era celestial. Sin embargo, era el único plato a la vista.

¡Esto no puede estar bien!, pensó. ¿Sopa? Había oído que los Ramseys eran excéntricos, pero esto era llevar las cosas un poco lejos.

—¡Ya es hora, ya es hora!

Tan pronto como desapareció la asistente, regresó de nuevo.

Peter la siguió hasta el jardín, hermosamente iluminado con candelabros y velas. Cuando lo acompañó a un elevado podio, la asistente con un gesto le pidió a la orquesta que dejara de tocar. Peter marchó profesionalmente hasta el último escalón, se dio la vuelta y se aclaró la garganta. Sintiéndose un tanto ridículo, anunció con su mejor voz de maestro de ceremonias:

—Damas y caballeros, su atención, por favor. La cena se está sirviendo. El menú de esta noche, escogido con todo gusto por los Ramseys, es un delicioso consomé de faisán.

Hubo un silencio sepulcral, todos esperaban oír que otras maravillas gastronómicas les aguardaban. Sin embargo, al ver a Peter bajar los escalones, los invitados empezaron a entrar al salón de la cena, murmurando en voz baja.

—¿Que rayos le pasa a usted? —dijo Ramsey manifestando desagrado en voz baja y llevando a Peter hacia un lado.

—Señor, a mí me mostraron un salón con la comida —contestó—. ¡Y eso era todo lo que había!

—¡Pero ese era solo el primer salón! —exclamó—. ¡Hay otros cinco salones más allá!

Les cuento esta historia en detalle para que nos recuerde que ni siquiera hemos empezado a ver lo que Dios tiene preparado para nosotras. Aun en los mejores momentos, cuando nos envía lluvias de bendición, son simplemente el aperitivo del banquete que nos tiene preparado.

Aun en los momentos de expresiones de amor y entusiasmo más ardientes, somos poco menos que el maestro de ceremonias que no vio toda la comida. ¡Chicas, pónganse los cinturones chicas porque tan solo hemos empezado a experimentar todas las delicias que Dios tiene preparado para nosotras!

«Gracias, Padre, porque nos amas y nos preparaste una vida contigo que jamás podríamos imaginar. ¡Qué gozo! Amén.»

DIFERENCIAS ATESORADAS

Patsy Clairmont

✖❤✖❤✖❤✖❤✖❤✖❤✖❤✖❤✖❤
Hombre y mujer los creó.

GÉNESIS 1:27

«Mira, cariño! ¡Mira… aquí!» Mi esposo, Les, me llamó muy entusiasmado. Paseábamos por nuestro pueblecito mirando las vidrieras, cuando me hizo una seña. Al acercarme para ver lo que descubrió, me di cuenta que señalaba hacia la acera. Entonces fue cuando paré en seco. Allí estaba, a sus pies, bien muerto, un ratón aplastado.

«¿Estás loco o qué pasa?», le grité. «¿Para qué quiero ver un roedor muerto? ¿Me has oído alguna vez pidiendo ver algo tan desagradable? ¡Me voy de aquí!»

Les se quedó un rato más con su hallazgo como si no le gustara tener que dejarlo. ¡Puf! Esto si es un volante bien ajustado. Los hombres tienen un ángulo muy diferente de ver las cosas que nosotras las mujeres. Nosotras nos llamamos para venir a ver un cachorro juguetón, un gatito cariñoso o un bebé que quiere hablar.

Mientras los hombres agarran una pequeña serpiente como si nada, o se cuentan la última vez que atropellaron a un animal en la carretera, o eructan lo más fuerte posible para registrar 6,3 en la escala de Richter.

Eso no dice que todos los hombres (solo una parte de ellos) van por las cosas repulsivas de la vida. Sin embargo, compruebo que los machotes del barrio prefieren investigar un nido de arañas que ir a ver las nuevas cortinas de encaje.

Por lo general, agradezco que el ángulo de ver las cosas que tienen los hombres sea diferente. Hay veces que estoy de acuerdo con el título de un libro que declara: *Los hombres son de Marte y las mujeres de Venus*. Aunque ambos empezamos en el mismo huerto, parece ser que no olemos el mismo rosal.

Creo que es necesario conocer ambas perspectivas; aunque a veces, cuando le pido a mi esposo la suya, terminamos como en un encuentro pugilístico.

Hablando de peleas, ¿algunos de los hombres que conocen ve lucha libre por televisión? Hablando de Marte, esos luchadores si parecen marcianos tratando de impresionar con actitudes del tamaño de un cráter y dándose de golpes entre ellos mientras se degradan unos a otros. ¡Vaya deporte! Un montón de patanes amazacotados teniendo pataletas.

En realidad, mi esposo es condescendiente. Con frecuencia me acompaña cuando voy a comprarme un vestido nuevo y me da su perspectiva, la cual valoro porque deseo agradarle. Claro está, no siempre nos ponemos de acuerdo en la ropa. A veces nos peleamos por la que elegimos. (Me gustaría saber hacer una de esas llaves de lucha libre.)

Al principio hubo atracción entre nosotros porque no nos poníamos de acuerdo en muchas cosas. Nuestras diferencias nos ayudan a que ambos ampliemos el ángulo de ver la vida.

Les nació en una familia grande, la mía era pequeña. No había mucha diferencia de edad entre sus hermanos, en cambio, entre mi hermano, mi hermana y yo nos llevábamos una década o más. No hace falta decir que las relaciones en nuestras familias eran diferentes. Así que, ambos trajimos al matrimonio nuestras propias expectativas de la vida en familia. Tomó tiempo y errores lograr un plan integrado que nos diera resultado. Les y yo aún tenemos un par de puntos de discusión en nuestra teología familiar, pero hemos aprendido a entendernos.

Un error muy común es creer que el verdadero amor y romance significa armonía de pensamientos. Considero que, si estamos de acuerdo en todo, uno de los dos sobra. Nosotros también nos dimos por vencido en aportar a la relación. Además, he visto muchos cónyuges silenciosos que se levantan un día y se marchan de casa. Para ellos sobrevivir sin conflictos es alejarse de sus propias inclinaciones, intereses, creencias, opiniones y sentimientos que, cuando volvieron a estar en contacto consigo mismos, se alejaron de sus cónyuges. El cónyuge que una vez cooperaba con todo no quiere ahora la invariable y dura tarea que exige enderezar de nuevo la relación y en cambio encuentra más fácil empezar una nueva con alguien que aprecie sus enfoques de la vida.

Necesitamos respetar los puntos de vista en que diferimos (no porque el punto en sí tenga mérito, sino la persona) y apreciar el aporte de la otra persona. Yo nunca (y escúchenme bien), nunca voy a disfrutar el aspecto de un ratón aplastado. Sin embargo, tampoco espero que Les se meta en cosas de mujeres (fiestas para ir a tomar el té, envases plásticos que suenan, demostraciones de llanto impulsivo).

«*Señor, gracias por no usar un molde de hacer galletas cuando nos formaste. En cambio, somos hechura tuya, únicos, varón y hembra. Que podamos atesorar la singularidad de cada uno y recordarnos ajustar nuestro volante para ver desde otro ángulo. Amén.*»

VIVIR DE PUNTO EN PUNTO

Bárbara Johnson

✗❤✗❤✗❤✗❤✗❤✗❤✗❤✗❤✗❤✗❤✗❤

«Porque yo sé muy bien los planes que tengo para
ustedes —afirma el Señor—, planes de bienestar y no de
calamidad, a fin de darles un
futuro y una esperanza.»

Jeremías 29:11

Mi querida nuera Shannon dice que la vida es como un dibujo de los que tienes que unir los puntos. Cuando empiezas no tienes idea de cómo se desarrollará tu vida. Comienzas con un punto y de pronto aparece otro, y esperando lo mejor sales de ese punto para caer en otro.

En ocasiones un punto puede ser un inmenso punto negro. En otras, el punto está vacío como un cero con el borde todo gastado. De vez en cuando los puntos toman la forma de una lágrima. En otros sientes como que bailan…

Debes haber vivido unos cuantos años antes de empezar a entender en general el gran cuadro de la vida. Aun cuando crees que has entendido todo el cuadro, el siguiente punto te lleva al borde o más allá de él. Entonces te das cuenta que este no era el cuadro que te imaginaste. No del todo.

A veces los puntos aparecen de una manera torcida que no tiene sentido y te preguntas hacia dónde te lleva la vida. Piensas que quizá estás perdido. Llegas a creer que no existe un cuadro mayor, que caminas arduamente por este camino de puntos absurdos y que nunca llegarás a la fuente para terminar el cuadro.

Todos los puntos no son iguales; algunos se despliegan en forma de sonrisa y otros en forma de corazón. ¡Cómo se aprecian! Son difíciles de dejar esos puntos tan queridos y te aferras a ellos, decidida a no dejarlos, pero de pronto desaparecen y te debates y andas a tientas a través de la nada hasta que de nuevo te afianzas.

A veces temes dejar un punto con el que te familiarizaste y te sientes cómoda. Ves el vasto horizonte lleno de desafíos y te preguntas si lograrás llegar al próximo punto. Se requiere valentía para aventurarse a lo desconocido y aterrizar en un punto extraño y ajeno.

Entonces viene un gran punto negro que lo encierra todo en su oscuridad. Es más, no es en sí un punto, sino un inmenso mar negro que se extiende sin fin en todas direcciones. Hundiéndote en la penumbra, te das cuenta que no hay salida. Forcejeas y luchas, pero hay más oscuridad. Al fin te das por vencida, incapaz de luchar un minuto más en el pozo de la desesperación.

Es en ese punto que, según Shannon, aparece otro punto. En el vasto universo de oscuridad, ese es blanco… un pequeño y brillante punto de luz. Esa luz es Dios y el rayo que se proyecta es su cuerda de rescate. Te amarras con su cuidado, te cuelgas de él y sientes que te sacan de la oscuridad.

Luego, al estar allí de pie al lado de Dios en toda su gloria, por fin puedes ver todo el cuadro, una línea continua, de punto a punto, que forma una vida. «¡Ah Padre!», exclamas, agradeciéndole por este momento de claridad. Entonces puedes ver lo que tiene en su mano: el pincel de un artista. Y en las diminutas cerdas del pincel aún queda una pequeña gota de tinta.

«Querido Padre, ya conoces cada momento de mi vida, de principio a fin. Gracias por ser lámpara a mis pies y lumbrera a mi camino. Amén.»

LOS OJOS DEL CORAZÓN

Luci Swindoll

✗♥✗♥✗♥✗♥✗♥✗♥✗♥✗♥✗♥✗♥

La gente se fija en las apariencias, pero yo
me fijo en el corazón.

1 Samuel 16:7

*E*l sucio coche familiar entró al lavacoches lleno de niños y un conductor que parecía que no se había afeitado en varias semanas. Desgreñado y con un cigarro colgando en un extremo de la boca, llevaba ropas con las que quizá durmió con ellas. Cuando detuvo el coche, todos los ojos le miraban.

El *peludo de los dados*, si es que alguna vez vi uno, pensé. Una amiga llama «El peludo de los dados» a cualquiera que tenga dados de esos que cuelgan del espejo retrovisor. Pero este se llevó el premio.

Abrió la puerta trasera del automóvil y empezó a bajar a los ocupantes. Besos y abrazos a cada uno de los niños, a los que bajó del auto con cuidado. Entonces se pusieron a jugar unos con otros y con el padre de todo corazón. Me di cuenta que eran sus hijos porque repetidas veces le llamaban «papá».

«¡Ven, papá, juega con nosotros! ¡Papá, tírame la pelota! ¡Mira, papá, mira esto! Yo puedo hacer eso, papá... ¡mira!»

Poco a poco, con amor, paulatinamente, este melenudo le dio atención a sus seis hijos, jugando, hablando, riendo... Y juntos se divirtieron en grande. Quedé sentada, sorprendida y avergonzada de mí misma por creer que este tipo era un cualquiera.

Con qué rapidez juzgamos a los demás por las apariencias. Lo hacemos muy fácil, ¿verdad? Vemos ropas que no pegan y juzgamos. No nos gusta el pelo de esa persona y le juzgamos. Nos fijamos en el auto, los modales, la música, los gestos o características faciales de los demás y los juzgamos sin cesar.

Les digo que si la perspectiva humana fuera el criterio para el juicio de Dios, a los Swindoll los hubieran eliminado hace mucho tiempo. Cada uno de mis hermanos y yo vivimos la mayor parte de la vida con ropa bien usada que no pega. Nos gusta lo cómodo. Muchas veces voy a la tienda con mi viejo chándal o ropa deportiva. ¡Es perfecto! Llena las curvas de mi añejo cuerpo y quedan bien. No quiero cambiarme de ropa para solo ir a buscar leche, una hamburguesa o que me laven el auto. Mis amigas quieren que lleve chándals de marca. ¡Qué va!

En el libro *El Pequeño Príncipe*, de Antoine de Saint-Exupery, se declara este principio: «El corazón no es lo único con que uno puede ver bien; lo esencial es lo invisible a la vista.»

Cómo me gusta ese pensamiento. «Lo esencial es lo invisible» capta lo que leemos en las Escrituras. No solamente hacemos mal al juzgar a otro, sino que tampoco tenemos manera de mirar lo que hay dentro de esa persona.

¿A quién le importa si el tipo en el lavacoches era lo contrario de lo que creo debe ser un padre? Todo lo que esos niños querían era atención y él se la dio. Les escuchó. Jugó. Los quiso.

¿Saben de qué me maravillo? Cuando vi su corazón... con mi corazón... llegó a ser casi bien parecido. Bueno, quizá no tan bien parecido, pero seguro más atractivo. Lo vi con otros ojos, con los ojos de no juzgar. Me gustó.

Cuando no impongo prejuicios en los demás, soy feliz porque sé que hago lo que es bueno. Me siento bien. Cuando nadie me impone nada, eso me libera para ser la que soy en verdad: una babosa, vestida con la justicia de Cristo.

«Padre, ayúdanos a ser obedientes a tu Palabra, que dice que aceptemos a los demás como tú nos aceptaste en Cristo Jesús. Amén.»

EL CAMINO A LA GLORIA NO SIEMPRE ES FÁCIL

Thelma Wells

✖❤✖❤✖❤✖❤✖❤✖❤✖❤✖❤✖❤✖❤

En este mundo afrontarán aflicciones, pero
¡anímense! Yo he vencido al mundo.

JUAN 16:33

Una de las experiencias más gloriosas que jamas haya tenido es el viajar a la Tierra Santa. Un pastor me pidió que fuera la solista en un viaje que organizaba y después de aceptar con agrado, veintitrés miembros de mi familia y amigos se unieron al séquito.

Dondequiera que fuimos las historias bíblicas se hicieron reales, pero un par de experiencias en la Tierra Santa sobresalen para mí. La primera fue ver a mi hija Vikki subir la montaña en Masada. Ambas nos asustamos por un momento. Vikki, que no se apoca, descubrió que una vez que comienzas un ascenso en una montaña, al ser tan inclinado y escabroso la única opción es mantener tu visión en la meta final y tu mente en las piedras y rocas que están por delante. Debes seguir mirando lo que está por delante y no hacia atrás y debes orar a cada paso del camino de que lo lograrás.

Le tomó tanto tiempo a Vikki llegar a la cima donde estaba el resto del grupo esperándola que me preocupé. Otros que comenzaron a subir con ella llegaron todos fatigados y un tanto despistados diciendo que esa no había sido una buena opción. Hubieran deseado ir en el teleférico como la mayoría de nosotros lo hicimos.

Cuando les pregunté si habían visto a Vikki, me dijeron que a ella se le hizo difícil subir la montaña y, como todos estaban en apuros, ninguno podía socorrer a los demás. Ya se imaginarán cómo me hizo sentir eso.

Vikki por fin llegó arriba. Muchos de nuestro grupo exclamaban y daban gracias a Dios porque sobrepasó la prueba. Las primeras palabras de Vikki fueron: «¡Mamá, nunca me dejes hacer algo así otra vez, creí que me iba a morir!»

Esa experiencia le enseñó que el camino a la gloria es difícil, con sus piedras y rocas, con sus tensiones y luchas. Pero si te mantienes siguiendo hacia la meta, lo puedes lograr. Las cosas no son tan fáciles como quisiéramos. Sorpresas y baches nos aguardan en el camino de la vida. Vamos a sudar y dar tumbos, nos vamos a preguntar por

52

qué están las cosas como están e incluso le echaremos la culpa a alguien más.

Cada camino tiene un fin; toda montaña tiene un pico. Si nos mantenemos firmes y seguimos subiendo la montaña, sabiendo que Dios está al tanto de nuestro esfuerzo, él nos llevará más allá y por encima de las montañas. Nos consuela saber que Dios tiene el control de cada etapa del camino a la gloria, aun en las montañas más inclinadas.

La segunda experiencia que me impactó mucho fue caminar por la Vía Dolorosa, por donde Jesús anduvo penosamente, llevando su cruz y pasando frente a Simón de Cirene, el hombre que le ayudó a llevar la cruz hasta el Gólgota.

Sin embargo, esta conmovedora experiencia llegó a ser una pesadilla para uno de los pastores que viajó con nosotros. Había estado en la Tierra Santa más de veinticinco veces y nos advirtió de los carteristas del gentío de la Vía Dolorosa y de cómo eran expertos en ese delito. Nos dijo que tuviéramos el dinero en nuestros cuerpos en lugar de los bolsos y las mochilas. Los caballeros debían tener las billeteras fuera de los bolsillos de atrás. Nos advirtió que nos quitáramos toda clase de joyas preciosas y que no nos arregláramos mucho para no aparentar ser turistas «ricos». Todos obedecimos.

Una vez que las pertenencias de alguno desaparecen, nos decía el pastor, se hace muy difícil capturar al que lo hizo porque los pillos se mezclan entre el gentío.

El hombre que nos daba dichas instrucciones fue nuestra única víctima. Tenía su mano en el bolsillo aguantando el dinero dentro de su pasaporte cuando un experto carterista metió la mano en el mismo bolsillo, sacando el dinero y el pasaporte. El predicador no vio nada. Sintió el robo, pero era demasiado tarde.

El predicador víctima nos dijo que había llegado a sentirse muy seguro de sí mismo. Creyó que había viajado lo suficiente para saber cómo mantenerse seguro.

¿No ocurre lo mismo en la vida? Dios nos advierte del peligro. Oímos y nos cuidamos. Sin embargo, nos descuidamos. Aun cuando vemos señales de peligro, pensamos que somos lo bastante listos y tenemos todo bajo control. No oímos ni prestamos atención, y es allí cuando fallamos y caemos.

Ya sea que estés subiendo montañas o pienses que dominas todo lo que para ti es importante, siempre es sabio buscar al Señor. Manténte humilde y al tanto de que tu paso puede fallar en cualquier momento, incluso sentir cómo esas cosas preciosas para ti se te van de las manos sin aviso. ¡Vamos de camino a la tierra de gloria, pero aún no hemos llegado!

«Señor, gracias por darnos la resistencia para subir cualquier montaña en nuestro camino a la gloria. Ayúdanos a fijar los ojos en ti a pesar de todo. Y gracias porque aunque la marcha es ardua, nos das dulce contentamiento para nuestras almas. Capacítanos para mantener nuestros oídos a tono con tus avisos y no volvernos complacientes y confiados cuando creemos saber el camino por delante. Gracias por la protección que nos concedes cuando escuchamos. Amén.»

UN GRUPO DE CUATRO

Marilyn Meberg

❌💗❌💗❌💗❌💗❌💗❌💗❌💗❌💗❌💗❌💗❌💗

Manténgase sobrios y con la mente despejada.

1 PEDRO 4:7

Anoche tuve el placer de comprarle a mi nieto Ian su primer triciclo. Con ánimos de celebrar, le pregunté a mi amiga Pat, quien me acompañó en esta excursión, si quería ir a la pizzería al cruzar el estacionamiento y llevar una pizza a mi casa.

Ninguna de nosotras estaba preparada para la ineptitud y confusión que caracterizaron a todos los chicos que trabajaban en aquel establecimiento. Después de esperar quince minutos para pedir, cuatro personas diferentes hicieron un esfuerzo para atender el pedido. Con dificultad, una persona por fin entendió que no quería dos, sino una pizza mediana de salami de masa poco gruesa. Otro empleado preguntó si era «para aquí o para llevar», mientras que otro me daba el cambio de mi billete de veinte dólares. Incluso otro empleado, con salsa de tomate en su muñeca, me preguntó si quería ver el menú.

Recostándonos en el cartel que decía «Favor de esperar para ser sentados», le pregunté a Pat si había visto algún otro cartel en la pared que dijera «Contratamos a los incompetentes». Al no ver nada, pensamos que aún no habían tenido tiempo de poner el plan de acción de la empresa.

Inconcebible, ya fuera por ignorancia o compasión de los métodos del restaurante, la gente empezó a llegar y a esperar en la puerta para que los sentaran. En vista de que ninguno de los confundidos empleados sintió inclinación alguna de servir de anfitrión, pensé que sería algo caritativo echarles una mano. Agarré algunos menús y les pedí a las dos primeras personas de la fila que me siguieran y que con gusto los guiaría a una mesa. Después de sentar a un grupo de cuatro, me di cuenta que Pat había desaparecido. La vi sentando a un grupo de tres al otro lado del autoservicio de la ensalada. Aliviadas de haber despejado el lugar de espera, nos sentamos a esperar nuestra pizza.

Después de diez minutos, Pat me dio con el codo y me dice:

—Marilyn, el grupo de cuatro que sentaste al lado de la ventana te están señalando y se ven un tanto hostiles.

—Lo más seguro es que no conozcan las costumbres del restaurante. Quizá deba ir y decírselas —respondí y fui hasta la mesa esperando aplacar la ira.

Uno de los hombres, en un tono peleón preguntó:

—¿Trabaja usted aquí?

—Bueno, la verdad, no. Estaba esperando mi pizza.

—¿Y por qué nos sentó?

—Alguien tenía que hacerlo.

La pareja sentada en la mesa contigua a la de estos cuatro malhumorados, y a quienes había sentado primero, sonrió al oír el intercambio.

—Nos extrañamos de que la camarera vistiera vaqueros y una camiseta —comentó la mujer—, pero nos interesaba más sentarnos que averiguar cuál era el uniforme.

En ese momento llamaron mi nombre, y para sorpresa, me entregaron una pizza mediana de salami de masa poco gruesa. Fui hasta donde estaba la simpática pareja y les dije:

—Acabo de pagar diez dólares por esta pizza de salami. Se las vendo por doce.

—¿Tiene anchoas?

—Si tuviera anchoas se las regalaba.

Nos reímos y me agradecieron por tener un sitio donde sentarse y me dijeron que se irían en unos minutos a otro restaurante en la misma calle.

Al pasar al lado del grupo de cuatro, les dije:

—Su camarera debe de estar al llegar uno de estos días. Disfruten su comida —y enseguida busqué la puerta.

Pat y yo nos reímos de vuelta a casa por ese alocado intermedio. Estuvimos de acuerdo en que cuando esos cuatro entraron por la puerta, se veían malhumorados. No solamente fue la falta de servicio ni mi comportamiento ofensivo lo que les molestó. Sin duda, vivían en un estado constante de irritación.

Optar por no enojarse por las molestias de la vida es admitir que en ocasiones es difícil. A menudo, tengo que recordar que yo decido cómo voy a responder. No me refiero a negar mis sentimientos ni guardarlos para que después aparezcan en forma de dolor de cabeza o un sarpullido extraño. Propongo que una vez identificado el sentimiento, decido enfrentarlo antes que me controle. También me refiero a esas cosas que son una molestia que tienen el potencial de unir fuerzas con otras cosas y al final del día se convirtieron en un enorme grupo de cuatro.

En 1 Pedro 4:7 se nos advierte que tengamos una mente limpia y que seamos sobrios. Si mi mente se obstruye por las molestias del día, tarde o temprano perderé mi dominio propio. Si lo pierdo, sin duda perderé el gozo. Detesto perder el gozo. Por fortuna, tengo una alternativa de cómo reaccionar, de la misma manera que tengo la alternativa de ir al lugar que quiera a buscar pizza.

«Gracias, Señor, por recordarme que no debo permitir que las cosas pequeñas me roben el gozo. Cuando mantengo mi mente centrada en quién eres tú y qué representas para mí, me pone en orden y permite sonreír en vez de fruncir el ceño. Manténme siempre atenta del apoyo de tu amor a través de los hechos molestos de cada día. Que pueda reflexionar más en quién eres tú en vez de quién soy yo. Amén.»

CIELOS AMISTOSOS

Patsy Clairmont

✘♥✘♥✘♥✘♥✘♥✘♥✘♥✘♥✘♥✘♥✘♥
Mis caminos y mis pensamientos son más altos que los
de ustedes; ¡más altos que los cielos sobre la tierra!

ISAÍAS 55:9

Tenía una actitud del tamaño de un B52 (un bombardero de la Segunda Guerra Mundial). Verán, no estaba muy ilusionada por volar. Si el Señor hubiera querido que estuviéramos allá arriba en el aire, nos hubiera pedido que viviéramos en hangares en vez de hogares.

Lo que despertó mi actitud no fue la altura, ni el confinamiento, ni los seis cacahuetes que te dan de comida (suelo ser más generosa con nuestro perro). No, era mucho más que eso.

Tampoco puedo decir que sea la gente que te arranca la cabeza de un golpe del bulto que llevan cargando por el pasillo del avión buscando su asiento. (No me molesta, no me molesta, no me molesta.) No, no creo que mi actitud se extremó simplemente porque los lavabos eran de tamaño de cabina telefónica que te permiten entrar de lado y salir de lado. Ni siquiera la papelera de las toallitas, que todavía no logro ubicar bien en los lavabos, son un misterio.

Creo que mi mayor queja es cuando abordan esos pasajeros que se dan un aire de realeza. Estos son el tipo de persona que cuando entran al avión creen que este espacio reducido les pertenece y pueden hacer con el mismo lo que les parezca. Están los que te meten sus pertenencias debajo de tu asiento, que se estiran constantemente dándote con el codo para ampliar su comodidad y hablan tan alto que no solamente se pueden oír por todo el avión, sino por todo el firmamento. Algunas creen que un lugar como ese donde el aire circula por la cabina una y otra vez es el mejor lugar para pintarse las uñas o echarse perfume (no les importa el asmático con hiperventilación que esté sentado a su lado).

Pues sí, todas estas cosas me hacían adoptar ciertas reservas en cuanto a volar alto. Hasta que un día me di cuenta que navegar los espacios aéreos era una parte constante de mi vida y que iba a perder mi gozo muy seguido si no hacía algunos ajustes de altura. Necesitaba otra perspectiva.

Cuando estoy dispuesta a ver mis situaciones desde otro ángulo, puedo enfocarme en los detalles comunes que no percibí antes. Es más, una vez que me enfoqué bien en mis viajes constantes, se me ocurrió una lista de razones por las que dar gracias por los vuelos. Antes de abordar me dispongo a tener una actitud de gratitud porque:

1. Me brinda una manera de viajar que me permite ir de un lugar a otro del país y hacer cosas que no pudiera de otra manera.
2. He conocido gente muy agradable no solamente al llegar a mi destino, sino también en los cielos (bueno, casi todos).
3. Me puedo sentar, estar quieta y quizá echar una siesta.
4. Tengo la oportunidad de disfrutar de una buena lectura.
5. Tengo constantes oportunidades de ser luz y sal a un mundo en tinieblas e insípido.
6. Hasta puedo dar una palabra de aliento a un viajero con ansiedad o a una azafata estresada.
7. Siendo tan mala cocinera como soy, aun así puedo preparar mejor comida que las aerolíneas.

Estas son algunas de las razones por las que he tenido que ajustar el volante en otro ángulo para sobreponerme a mis actitudes. ¿Y tú? ¿Necesitas una nueva ruta de vuelo? Quizá no tengas que abordar los cielos amistosos, pero te sientes como que andas por la pista de tu casa o de tu oficina con una actitud del tamaño de un avión. Trata de sentarte y estar quieta (lo cual es difícil cuando tienes una actitud acelerada como el motor de un avión) y pídele al Señor que te dé una perspectiva nueva para unas rutas de vuelo y maniobras viejas. Después, prepárate para el despegue (pon el asiento en posición vertical, abróchate el cinturón, guarda la bandeja) y disfruta del impresionante paisaje.

«Señor, toma los controles de mi vida para tener buena visibilidad de tus planes de altura. Amén.»

¡FUEGO!

Thelma Wells

✗❤✗❤✗❤✗❤✗❤✗❤✗❤✗❤✗❤✗❤✗❤✗❤
Elige tu mismo entre el pueblo hombres capaces y
temerosos de Dios, que amen la verdad y aborrezcan las
ganancias mal habidas, y desígnalos jefes de mil, de
cien, de cincuenta y diez personas.

ÉXODO 18:21

He oído gente que dice: «Si quieres que algo se haga bien, tienes que hacerlo tú misma.»

Solía decirlo también, hasta que me di cuenta que no tenía tiempo para nada, porque apagaba muchísimos fuegos y parecía que siempre había alguien echándoles más leña. El estrés era insoportable. Pronto mi cortina de humo de racionalización del porqué necesitaba ser la única que hiciera todas las tareas fue desapareciendo. Necesitaba ayuda.

Como al apagar cualquier fuego sin control, no puedo hacerlo sola. Recluté la ayuda de otros prometiéndome capacitar a personas adecuadas con todo lo que sabía hacer. Los proyectos que eran míos vinieron a ser nuestros. Los clientes que creían que yo sola podía atender se delegaron a otros en mi equipo. Expedientes que debía tener siempre en mis manos, se convirtieron en responsabilidad de otros.

Ahora ya todos saben cómo marcha el sistema y pueden mantenerlo andando a pesar del ajetreado horario, las fechas topes y los fuegos que se apagan. Pensándolo bien, no tenemos tantos fuegos que apagar porque el sistema marcha bien. Qué alivio saber que puedo viajar, tomar vacaciones, escribir libros, o sea, cosas que me hacen estar fuera de la oficina por semanas, y aún tener un negocio que marche bien.

No soy la primera en pasar los efectos agobiantes de pensar que lo tengo que hacer todo para que salga bien. Tampoco soy la primera en creer que delegar es una manera de echarle agua al fuego. Jetro, el suegro de Moisés, notó que este estaba estresado al máximo por estar haciendo las veces de juez, por estar administrando, controlando, presupuestando, pastoreando, enseñando y siendo de todo para todos en el peregrinaje desde Egipto hasta la Tierra Prometida. Así que le dijo a Moisés que tenía que delegar una parte de sus responsabilidades. Detrás del telón era como un jefe de bomberos que veía tranquilamente que los camiones y los bomberos apropiados se enviaran para relevar a Moisés.

Quizá has dicho que necesitas ayuda con todos los fuegos que cobran fuerza en tu vida: proyectos que hay que hacer en casa, el trabajo, la iglesia; responsabilidades con los amigos, la familia y colegas de trabajo; en fin, un calendario lleno a reventar. Quizá has dicho que prefieres hacerlo tú para garantizar que se haga bien. La mejor manera de identificarse con los demás es hacerlos sentir parte de lo que sucede. En casa toda la familia debe compartir las tareas de mantener el orden en toda la casa. La gente en el trabajo desea participar en las cosas que ocurren y tener responsabilidad y rendir cuentas. Hay otros en tu vida que esperan que saques algunas cosas de tu calendario para que pases tiempo con ellos.

Primero, opta por cansarte de batallar sola con esos incendios. Después decide quién te puede ayudar y cómo. Forma la brigada de la canasta y haz que todos aporten.

Ahora, es importante aceptar un consejo. Debes recordar que delegar tiene algunos beneficios a corto plazo, pero increíbles beneficios a largo plazo. Como ves, toma tiempo completar el proceso de delegar. Preparación, explicaciones y velarlo todo sin cesar es parte de un todo. Sin embargo, cuando todos tienen trabajos asignados y los hacen con poca supervisión, empiezas a cosechar los resultados y sentir alivio.

Te apuesto a que tienes alguien en el que puedes delegar los quehaceres de la casa, el trabajo de oficina y las tareas de la iglesia. ¿No sería muy bueno no tener que oír las horribles palabras: «¡Fuego! ¡Otro fuego!», resonando en tu mente?

«Ah Señor, cuando le diste a Moisés el modelo para delegar y probaste a través de los siglos que resultaba, es lógico que deba seguir ese modelo cuando sea apropiado. Te alabo, Señor, porque brindas maneras de ser más productivas y menos estresadas. Ayúdame a confiar en la gente lo suficiente para darle tareas importantes. Ayuda a quienes les delego las responsabilidades para que las acepten con decisión y comprometidos a hacer un trabajo superior. Amén.»

RUDO DESPERTAR

Sheila Walsh

✗❤✗❤✗❤✗❤✗❤✗❤✗❤✗❤✗❤✗❤✗❤
Si por la noche hay llanto, por la mañana
habrá gritos de alegría.

SALMO 30:5

Nunca he sido madrugadora, así que fue un rudo despertar cuando nació mi bebé Christian. Recuerdo haberle dicho a mi madre que iba a necesitar un reloj despertador nuevo para levantarme temprano y dar de comer al bebé. Ella se rió. No sabía entonces que los bebés vienen completamente equipados con su propio despertador para que no los olviden.

Como cristianos, somos del mañana. Ahora vivimos, como dijera C.S. Lewis, en las penumbras y aguardamos la mañana.

Puedo recordar muchos momentos de «penumbra» en mi vida. Y sé que si pudiéramos ver el gozo de la mañana, lograríamos sobrepasar esas noches oscuras. Pienso en la manera que hubiera enfrentado mis tiempos difíciles si el Señor me hubiera entregado mi hijo diciéndome: «Sheila, este es tu hijo. Nacerá en unos cuantos años. Mírale ahora. Necesita que encuentres valor para levantarte y estar emocionalmente bien.» Qué fácil hubiera sido haber cargado esa criatura, mirarle a los ojos y encontrar una razón para seguir. Pero no ocurrió. En vez de eso, Cristo estaba allí pidiéndome que me pusiera bien y que creyera en fe que él enderezaría lo que estaba torcido en mi vida.

Así llego Christian a mi vida, trayéndonos a Barry y a mí el gozo que hay en la mañana. Mi parto fue simple comparado a otras historias de terror que he oído, pero con eso tuve bastante. Barry y yo fuimos fielmente a las clases de parto y ensayamos la respiración hasta que empecé a respirar muy rápido. La enfermera que nos dio las clases nos guió paso a paso en las diferentes etapas del parto y en cómo controlar la respiración. Desde entonces creí que ella era una comediante de teatro que se hacía pasar por enfermera, pues lo que nos dijo fue un chiste.

No esperaba a Christian hasta finales de diciembre, pero cuando fui al doctor el día 12, de pronto y sin saber cómo, me entraron los dolores. Por fortuna, el consultorio del doctor estaba al lado del hospital y me llevaron de inmediato.

—¿Qué pasó con las diferentes etapas del parto que deben de venir? —le dije a mi esposo—. ¡Demandaré a esa enfermera!

—Sigue respirando, cariño —dijo Barry con amabilidad—, lo estás haciendo muy bien.

—¡Haciéndolo bien! ¿Bromeas? —contesté—. ¡Ven aquí y dime eso, y a lo mejor tienes suerte de respirar otra vez!

Sin embargo, Barry estaba muy ocupado poniendo un disco de música navideña para que ayudara a relajarme. Aún conservo los recuerdos vividos de estar postrada en una cama teniendo dolores insoportables como nunca antes y estar oyendo villancicos navideños.

El 13 de diciembre, a las cinco y veinte de la mañana, Christian Walsh Pfaehler vino al mundo pesando siete libras y ocho onzas. Es imposible poner en palabras la ola de emociones que me embargó al mirar a los ojos de este corderito por quien oramos tanto tiempo.

Esa noche, a las nueve, la enfermera le dijo a Barry que se fuera para la casa y a mí me dijo que me durmiera. Me dio un calmante fuerte que el doctor recetó y me dormí casi al instante.

Me desperté sobresaltada. Miré el reloj y era medianoche. ¿Dónde estaba y qué era ese ruido extraño al lado de mi cama? Me incorporé tan rápido que la cabeza me dio vueltas. Miré a mi izquierda y me di cuenta del ruido extraño. Parece que tenía hambre, pero no sabía qué hacer. Me levanté de la cama con cuidado, me incliné hacia la cuna y cargué a mi niño.

«Me disculpas si no lo hago bien la primera vez», le dije mientras me miraba. «Soy una novata y no sé en verdad lo que estoy haciendo.»

Me lo traje a la cama y se acurrucó.

«Soy un poco mayor para ser madre por primera vez, pero te prometo que lo haré lo mejor posible.»

Estaba absorto en nuestra primera charla, pero seguí de todas formas. «Lo mejor que tenemos a nuestro favor, mi pequeño cordero, es que Jesús nos ama a los dos y él nos ayudará.» Miré hacia abajo y estaba dormido, y en pocos segundos yo también.

Sea lo que sea que estés atravesando en este momento, recuerda que este no es el final de tu historia. Somos gente de mañana, llamados a vivir por fe y no por vista, para alzar nuestros corazones a Dios en medio de la oscuridad porque tenemos la promesa de un mañana.

«Señor:

En las tinieblas sé mi luz.

En el silencio sé mi canción.

En la quietud sé mi esperanza.

Amén.»

EL EJERCICIO DE LOS CINCO DEDOS

Luci Swindoll

El que es honrado en lo poco, también será en lo
mucho; y el que no es íntegro en lo poco, tampoco lo
será en lo mucho. Por eso si ustedes no han sido
honrados en el uso de las riquezas mundanas, ¿quién
les confiará las verdaderas?

LUCAS 16:10-11

Estudié los prototipos de aviones que estaban en el escaparate
de la tienda por varios días. Tres aviones de madera de balsa.
Siete dólares. ¿De dónde iba a conseguir ese dinero? Lo que me daban
a la semana no bastaba. Al final, pidiéndoselo prestado a uno de
mis hermanos, corrí a la tienda, compré los aviones y corrí a casa para
enseñárselos a mis padres. Puse todas las piezas que compré sobre la
mesa y expliqué cómo iba a cortar, pegar y pintar esos avioncitos.
Ansiaba comenzar.

—Un momento —dijo mi madre—, ¿cuánto te costaron?

—Siete dólares y cincuenta centavos. Ahorré los siete y pedí
prestados los cincuenta centavos a Babe.

Para entonces mi padre se había unido a la conversación.

—¿Te gastaste todo el dinero en estos aviones?

—Sí señor.

Con calma, pero con una expresión seria, papá dijo:

—Cariño, comprar estos aviones no es malo. Es muy divertido
armarlos y de seguro los disfrutarás. Sin embargo, gastar todo lo que
tienes en una sola compra no es sabio. Algún día, cuando seas mayor,
tendrás la responsabilidad de tu propio dinero. Si lo usas con cuidado,
siempre tendrás algo.

Entonces abrió su mano y señalando sus dedos explicó cada uno
de los principios diciendo:

—Gasta algo, ahorra algo, diezma algo, invierte algo y regala algo.
Si haces esto, nunca tendrás que preocuparte del dinero.

Ese fue mi primer curso de mayordomía. Tenía diez años. Y ahora
recuerdo su lección. Cuando se aplica, les digo que resulta.

El dinero es un medio de intercambio. Es la herramienta con la
cual mercadeamos. Nos permite hacer cosas. Tener cosas. Disfrutar
las cosas. No es un fin en sí mismo, sino un medio para llegar al fin.

Cuando mantenemos eso en perspectiva, resolveremos mucha de la angustia que sufrimos en cuanto al dinero.

Dios nos instruye a ser buenos mayordomos, y cuando obedecemos esta instrucción, el dinero no es un problema. Lee Lucas 16:10-11 otra vez. Dice que si eres una buena mayordoma en lo poco, se te podrá confiar más todavía. Mucho más.

Sigo algunos principios sencillos pero prácticos de cómo manejar el dinero. Estas directrices me ayudan a tomar sabias decisiones financieras. Me ayudan a controlar mi dinero sin que este me controle a mí.

1. Diezmar mi salario bruto.
2. Vivir dentro de las posibilidades.
3. Cuidar lo que tengo.
4. Gastar las cosas.
5. Hacer las cosas por mí misma.
6. Prever mis necesidades.
7. Considero usos múltiples.
8. Hacer regalos.
9. Comprar menos.
10. Comprar usado.
11. Pagar en efectivo.
12. Prescindir de lo innecesario.

Te daré otras tres sugerencias que encuentro prácticas: Primero, si el placer de tener algo es más dulce que el dolor de pagarlo, no temas endeudarte. Sin embargo, debes administrarlo. Segundo, si ves a otros darse lujos que tú no puedes, deja de hacer comparaciones. Las Escrituras dicen que si nos comparamos no somos sabios.

Tercero, si quieres ser la persona más feliz de la ciudad, da más de lo que guardas. Es más dichoso (placentero) el que da que el que recibe.

Como hija del Rey, recuerda esto: No importa qué tan poco dinero haya en tu bolso, ya eres rica de todas formas. No tendrás un quinto, pero nunca serás pobre.

«Amante Padre, dame lo que necesito para cuidar lo que me das.
Y ayúdame a recordar que todo lo que tengo te pertenece. Amén.»

ABUNDANTES BENDICIONES

Bárbara Johnson

✖♥✖♥✖♥✖♥✖♥✖♥✖♥✖♥✖♥✖♥✖♥

No devuelvan mal por mal ni insulto por insulto; mas bien, bendigan, porque para esto fueron llamados, para heredar una bendición.

1 PEDRO 3:9

Un señor de nombre Sebastián decide hacerse pasar de sacerdote para agradar a su moribunda tía Ester, de quien quiere heredar su fortuna. Ella siempre esperaba que él llegara a ser un clérigo.

Todo era teatro. Sebastián estaba lejos de ser un hombre piadoso. Es más, era uno de esos personajes que la gente describe como algo que carece de valor a menos que se venda en cantidades. Sin embargo, algo extraño ocurría cuando se ponía los hábitos. Se dio cuenta que era más bueno con los demás. Dejaba mayores propinas en los restaurantes, aun cuando la comida era mala. Era más paciente mientras conducía en la hora pico del tránsito. De repente, la gente a su vez era buena con él.

Sebastián, que no era cristiano hasta ese momento, quizá nunca había leído la promesa de Dios en Proverbios 11:25: «El que reanima será reanimado.» Así que Sebastián estaba sorprendido de lo que le pasaba. Sus experiencias lo conmovieron de tal forma que finalmente se convirtió en sacerdote de verdad. Descubrió la verdad del refrán que dice: «El amor, como la pintura, puede hacer bellas las cosas cuando lo desparramas, pero en verdad se seca cuando no lo usas.»

Sebastián ya no llevaba un disfraz, estaba vestido de «traje de fiesta en vez de espíritu de desaliento» (Isaías 61:3).

En realidad, Sebastián es un personaje de la novela *Vestments* [Vestimentas] de Alfred Alcorn. Sin el ejemplo de Sebastián, me he dado cuenta que cuando Dios derrama bendiciones sobre mí y yo las comparto con otros, recibo tanto amor de vuelta que ya dejo de sorprenderme. Las sorpresas de rebote se han convertido en algo en que puedo depender con mucho agrado.

Por ejemplo, las vidas de las personas que alcanzan los «Ministerios Espátula», o sea, la organización que Bill y yo dirigimos para ayudar a padres a lidiar con la muerte o alejamiento de sus hijos, a menudo responden tratando ver cómo pueden ayudar a alguien más (un ejemplo perfecto de bendiciones que rebotan). Hace poco que ocurrió eso con una madre desesperada que me llamó desde la zona noroeste de Estados Unidos. Atravesaba tiempos de mucho sufrimiento y se enteró que yo iba a dar una conferencia en una ciudad vecina.

«Barbarita, no tengo el dinero para comprar la entrada, pero me sería de gran ayuda si tan solo pudiera charlar un minuto contigo», me dijo. «Sé que es mucho pedir. Sin embargo, ¿pudieras encontrarte conmigo fuera del salón de la conferencia cuando tengas un minuto libre? ¡Esperaría todo el día si supiera que lograría verte! Y así llevaría los libros tuyos para que me los firmaras.»

Le prometí llamarla de vuelta una vez terminadas las actividades del fin de semana y colgué el teléfono con una pena en mi corazón por esta madre angustiada. Entonces, unos días después, me llegó una carta de otra madre en el noroeste del país que por fin había podido salir del túnel de una prueba muy dura que casi acaba con su vida.

Estaba agradecida de todo lo que sus amigas del Ministerio Espátula hicieron por ella y comentaba que deseaba pasar la bendición que recibió. «¿Qué puedo hacer Barbarita?», preguntó. «¿Cómo puedo ayudar?»

Leyendo su carta algo me llamó la atención y fue el remitente. La señora vivía en el mismo barrio y el nombre me sonaba mucho. De inmediato la llamé por teléfono. «Hay una señora que vive en tu misma calle que necesita que alguien le dé ánimo.»

«Voy de inmediato», estas fueron las palabras exactas de esta otra madre.

No tan solo salió y ayudó a la señora que me llamó, sino que también le dio suficiente dinero para que comprara las entradas para ir al seminario, no solamente para ella, sino para algunas amigas suyas. Como resultado, todas fuimos salpicadas de gozo de una manera especial ese día al darnos cuenta de cómo Dios logra alcanzar a dos personas semejantes a nosotras que estamos en los extremos del país para juntarnos, reanimarnos y compartir las cargas (y las bendiciones también).

Ardath Rodale, presidente ejecutivo de *Rodale Press*, dijo: «Inhala todo lo bueno que te rodea y al exhalar regálalo al compartirlo con los demás.» Y al respirar de esta manera, descubrirás otra sabia observación: «Una de las cosas más bellas que te da la vida es que nadie puede sinceramente tratar de ayudar a otra persona sin ayudarse una misma.»

«Querido Dios, gracias por todas las bendiciones de gozo que has salpicado sobre mi vida. Por favor, ayúdame a ser creativa para encontrar maneras en que pueda compartir esas bendiciones con otros. Amén.»

A LA CARRERA

Marilyn Meberg

En paz me acuesto y me duermo, porque solo tú,
Señor, me haces vivir confiado.

SALMO 4:8

Por dondequiera que voy, casi siempre llevo conmigo una revista o un libro en mi bolso en caso de que tenga que esperar. Puesto que el tipo de mi personalidad raramente espera bien, me siento tranquila sabiendo que tengo algo que leer si lo necesito.

Hace un tiempo esperaba en el consultorio de un dentista que no había estado antes. Como salgo de casa a la carrera, no me preocupé de agarrar algo para leer. Así que me vi leyéndome vorazmente todo lo que había en las paredes de la consulta. Me sentía un tanto incómoda por un cartel cerca de la puerta titulado «Cada mañana en el África». Y decía:

> *Cada mañana en el África se despierta una gacela,*
> *Sabe que debe correr más rápido*
> *Más rápido que el león o será devorada.*
> *Cada mañana en el África se despierta un león,*
> *Sabe que debe ganarle a la gacela más lenta o*
> *Se morirá de hambre.*
> *No importa si eres un león o una gacela:*
> *Cuando el sol se levante,*
> *Debes estar corriendo.*

Al sentirme molesta con este mensaje, comencé uno de mis monólogos internos para entender lo que me sucedía. «¿Marilyn, qué te molesta de estas palabras?»

«Me molesta que sea verdad para el león y para la gacela. La verdad parece ser muy adversa. Por qué algo o alguien tiene que vivir siempre bajo esa amenaza... No hay paz.

»Todo eso ocurre gracias a la caída en el huerto del Edén. Esa mentalidad de superviviente vino con la entrada del pecado a lo que hubiera sido de otra manera un mundo perfecto y libre de amenazas. Entonces los leones empezaron a perseguir las gacelas.

»Detesto la caída.

»Marilyn, ya has dicho eso con anterioridad. ¿Por qué tienes que espiritualizarlo todo? A veces puedes ser un poco aburrida, ¡eh!»

Mi discusión interna se interrumpió bruscamente cuando en ese momento me llamaron a pasar a las «cámaras del dentista». Allí fue que me di cuenta que la corona de oro en la muela inferior del lado izquierdo de mi maxilar estaba un tanto rajada, eso explicaba la molestia que sentía. Solo iba a costar arreglarla un millón y medio de dólares. Tuve la tentación de desatarme y salir de ese consultorio corriendo como una gacela, pero estaba toda amarrada al sillón por la boca.

Más tarde, cuando logré escapar, medité de nuevo en ese cartel confuso. No solamente me disgustaba la dinámica de gacela-león, sino que detestaba la realidad imperante de que yo también vivía en peligro y que «cuando el sol se levante, debes estar corriendo». La cruda realidad es que, en ocasiones, todos tenemos la apariencia de estar corriendo… para salvar la vida. Huimos de las responsabilidades, huimos de los recuerdos que nos hacen daño, huimos de las relaciones que llevan tiempo y disciplina para poder enmendar, huimos de ciertos temores que creemos se apoderaran de nosotros e incluso huimos de conocernos a nosotros mismos.

¿Por qué lo hacemos? Desdichadamente, nosotros, como el león y la gacela, huimos porque nos sentimos amenazados. Huimos para sobrevivir.

Después de un tiempo, las palabras de aquel desconcertante cartel me llevaron a unas verdades muy seguras. No tengo que huir para sobrevivir. Es más, se me invita a descansar para sobrevivir. Mateo 11:28 dice: «Vengan a mí todos ustedes que están cansados y agobiados, y yo les daré descanso.»

Puedo verme corriendo a los brazos abiertos del Salvador, quien se da cuenta que estoy agotada de huir y me ofrece un lugar de refugio de todo eso que amenaza apoderarse de mí. Me ofrece descanso y me asegura ese lugar seguro, ese lugar para sobrevivir con él.

¿Recuerdas este fantástico versículo en Deuteronomio 33:27? «El Dios sempiterno es tu refugio; por siempre te sostiene entre sus brazos. Expulsará de tu presencia al enemigo y te ordenará que lo destruyas.» Ese sí que es un versículo lleno de poder para cualquiera de nosotras que nos sintamos rodeadas de leones. Encontraremos refugio en sus brazos. Encontraremos descanso a medida que nos abraza. Inclusive destruirá a nuestros enemigos. Qué gozo más tremendo nos inspira esas verdades para quienes son dados a huir como nosotros.

Al haber hecho por fin las paces con ese cartel, me encontré de nuevo sentándome en aquel sillón del dentista. Le dije: «¿Sabe del cartel ese del león y la gacela que tiene colgado en la pared? Pues bien, tengo algunas ideas sobre...» No pude terminar lo que decía, cuando me vi amarrada al sillón y con la boca llena de casi todo menos el zapato izquierdo del dentista.

«¡No es ese un gran cartel?», sonrió mientras me llenaba la boca de más cosas. «Me imagino que se pudiera decir que esa es mi filosofía básica para vivir.»

Fue entonces cuando me fijé en lo peludas que tenía las manos, los brazos, la cara y el cuello.

«Señor, gracias por ser mi lugar seguro y mi refugio. Gracias por tu invitación de escaparme a ese lugar en cualquier momento y en donde me encuentre. Amén.»

ESCUCHA A TU CORAZÓN

Thelma Wells

✖❤✖❤✖❤✖❤✖❤✖❤✖❤✖❤✖❤✖❤✖❤
Mis ovejas oyen mi voz; yo las conozco
y ellas me siguen.

JUAN 10:27

¿No deseaste alguna vez seguir lo que te dictaba el corazón en vez de tu mente? ¡Yo sí! Hubiera preferido quedarme en San Antonio el día después de terminada la conferencia «Mujeres de Fe». Como oradoras, teníamos una reunión para discutir los planes para 1998, pero tenía un compromiso previo en Lincoln, Nebraska, así que no pude quedarme.

Por fortuna, pude estar la primera hora cuando Pat, mi ayudante, vino para decirme que el auto que me llevaría al aeropuerto aguardaba. Pensé: Debo quedarme aquí, no me voy a Lincoln. Debo esperar unos minutos. Pero entonces reflexioné: ¿Estas loca? Le prometiste a tu cliente de Lincoln que estarías allí. Imagínate si pierdes el avión. Tienes que hablar en la sesión de apertura el lunes por la mañana. ¡Vete de aquí!

Seguí a Pat hasta el auto que esperaba y le mencioné que debería quedarme. De camino al aeropuerto, llamé desde el auto a la oficina para ver si tenía recados. Ninguno. Cuando llegué al aeropuerto de San Antonio, llamé de nuevo. Nada. En mi corazón todavía creía que no iba a ir a Lincoln. Cuando llegué a casa, en Dallas, puse el canal que da el parte del tiempo. ¿Qué fue lo primero que oí? «Se fue la electricidad en la ciudad de Lincoln, Nebraska. Esta es la peor tormenta de nieve que han tenido en muchos años. Hay advertencia general para los que viajen en todo el estado. Los aeropuertos están cerrados...»

Llamé a la casa de mi cliente en Lincoln. Nadie contestaba. Llamé al hotel donde íbamos a tener la reunión y me informaron que la reunión se había cancelado. Llamé a mi oficina y me dejaron un recado con un tono de desesperación: «Thelma, Thelma, si aún no has abordado el avión para Lincoln, favor de no hacerlo. El programa se canceló. Te llamaremos cuando el tiempo mejore para informarte la nueva fecha. Espero que te llegue este mensaje.» También había un segundo recado: «Thelma, no vengas hoy a Lincoln. Te llamaremos después.» Y aún, otro recado: «Thelma, debo ir a buscarte al aeropuerto. No hemos podido hablar contigo personalmente. Estaré allí, espero que tú no estés.»

Desempaqué las maletas, me tranquilicé y le comenté a mi esposo cuánto hubiese preferido haber escuchado a mi corazón. Si me hubiera quedado en la reunión de «Mujeres de Fe» un poco más y haber llamado a mi oficina un poco más tarde, me hubiera podido quedar a la reunión entera. Sentí en mi corazón lo que Dios deseaba que hiciese, pero temía responder.

Te preguntarás: «Thelma, ¿cómo sabes que te dirige Dios? ¿Quizá no serías tú misma porque querías estar en esa reunión?»

¡Buena pregunta! Mi experiencia es que cuando el Espíritu Santo te persuade a hacer algo y lo haces, sientes una paz indescriptible por todo tu cuerpo, mente y espíritu que no puedes explicárselo a nadie que no lo haya experimentado. Y, por supuesto, el Espíritu de Dios nunca nos llevaría a hacer nada en contra de las Escrituras, por eso tenemos un libro que nos guía y nos ayuda. Quizá has dicho en algunas circunstancias: «Sabía en mi corazón que esto y esto...» O: «Tuve un presentimiento que...» Es muy probable que esos fueron momentos que el Espíritu de Dios te dirigía. Aunque no llegué a ir a Lincoln ese día, me di cuenta que necesito ser dócil al Espíritu Santo. Comprendí que es el mejor organizador, mayordomo del tiempo, administrador, árbitro y programador.

¿Qué harás cuando pienses que el espíritu Santo te insta a hacer algo? Te sugiero que pidas claridad. Espera la respuesta. No puedo decirte cómo sabrás cuando venga la respuesta, pero sí puedo decirte que tendrás una paz indescriptible en tu mente, cuerpo y espíritu. Escucha a tu corazón.

«Divino Maestro, ayúdanos a entender, desde lo más profundo de nuestro ser, cuándo es que oímos tu voz. Cuando hables, recuérdanos que como hijas tuyas conocemos tu voz. Ayúdanos a confiar en tus instrucciones y a no temer. Amén.»

SUBE, SUBE Y FUERA

Luci Swindoll

✖❤✖❤✖❤✖❤✖❤✖❤✖❤✖❤✖❤✖❤
Porque para Dios no hay nada imposible.

LUCAS 1:37

Fue una de las cosas más impresionantes que jamás haya hecho. Deberías ver mis fotos. Estábamos allí. Cien invitados reunidos en un área privada para presenciar el despegue del transbordador Atlantis. A las diez y treinta y siete de la noche, en una noche agradable de la Florida, el transbordador se elevó hacia los cielos. Fuego, vapor, humo, cámaras tomando fotos, gritos, silbidos... y de pronto... ¡BUM! Se fueron. Cómo disfruté ese momento. Me dejó boquiabierta y me sentí muy orgullosa de ser estadounidense.

Me invitó la astronauta Wendy Lawrence, quien partió de la tierra para una misión de diez días. Wendy es una mujer que tiene una fe firme en Cristo y fue un placer para mí orar por ella y los demás antes de partir. Durante los días que el Atlantis pasó en órbita, estuve muchísimo más interesada en el programa espacial que nunca. Inclusive, salía todas las noches y miraba hacia arriba para ver si podía saludar a Wendy. Oré por ellos hasta que llegaron salvos a casa.

En el momento que ese transbordador se elevó y en cuanto salió más allá de los límites de la tierra, quedé anonadada. ¡Qué me dicen de ir en contra de todas las posibilidades, de romper barreras, de que nada te detenga! ¡Qué ilustración tan gráfica! Ni siquiera la fuerza de la gravedad pudo detener esa pequeña nave.

Conozco gente así. Y, si me disculpas la broma, gravito alrededor de ellos. Es una fuente de ánimo para mí. Se mantienen firmes mientras otros se dan por vencidos, prosiguen hacia delante mientras otros se quedan atrás, prefieren ser entusiastas mientras otros se hunden en la derrota. Me refiero a personas como mi amiga Charlotte.

Charlotte desafía las probabilidades. Después de tantas operaciones y problemas crónicos de salud, mantiene una actitud muy positiva. Cada vez que charlamos por teléfono, se niega a hablar de ella misma por estar tan ocupada preguntando por mí: «¿Por dónde andas ahora? Ya he estado allí también y me encanta. ¿Dices que está nevando? Caramba, recuerdo cuando estuve allí y...», y siguió hablando. No se conmiseraba ella misma, no se hacía la mártir, no trataba ser el centro de atención. Su espíritu se levanta en vuelo, aunque su cuerpo se deteriora. Cuando cuelgo, me siento mejor.

Uno de los pioneros de la empresa de café Starbucks escribe en su libro *Pour Your Heart Into It* [Pon todo tu corazón en ello]: «Una vez que superes obstáculos insuperables, los demás obstáculos no parecerán tan espantosos. La mayoría de la gente puede lograr sus sueños con insistencia. Animo a todos que sueñen en grande, que asienten bien las bases, absorban como esponjas todo tipo de información y no teman desafiar la sabiduría convencional. Solo porque aún no se ha podido lograr no significa que no debieran de tratar de lograrlo.»*

Siento el poder de esas palabras que se levanta de esas páginas. Más poderosas aun son las palabras de Jesús que desafía a sus seguidores a mover montañas, andar sobre las aguas y ofrecer un almuerzo para cinco mil. El señor nos aseguró que no haríamos menos que lo imposible.

Desconozco las circunstancias de tu vida. Quizá, como mi amiga Charlotte, tienes problemas de salud. Quizá atraviesas una crisis financiera, tensión en alguna relación o te sientes poco capaz. Cualquiera que sea tu gran problema, puedes estar segura que no te rindes a las probabilidades. Podrás verte y decir: «No puedo, no puedo sobreponerme a esto, ni rebasarlo, ni vencerlo», y entonces te das por vencida. Querida amiga, te diré algo con todo el amor del mundo: No te des por vencida. Apenas has despegado. Tienes todo el cielo por encima de ti. Dios quiere liberarte de toda atadura y sabe exactamente cómo hacerlo.

«Padre, no siempre haces las cosas como creo que las vas a hacer, pero puedes hacer lo imposible. Levanta mi espíritu y ayúdame a volar alto. Amén.»

---

*Howard Schultz, *Pour Your Heart Into It* [Pon todo tu corazón en ello], Hyperion, Nueva York, 1997, p. 19.

PELUDOS AMIGOS

Sheila Walsh

❣❤❣❤❣❤❣❤❣❤❣❤❣❤❣❤❣❤❣❤

Cuando des un banquete, invita a los pobres, a los inválidos, a los cojos y a los ciegos. Entonces serás dichoso, pues aunque ellos no tienen con qué recompensarte, serás recompensado en la resurrección de los justos.

Lucas 14:13-14

Tocamos el timbre y, como resultado, un ruido ensordecedor de ladridos y patas corriendo aprisa por el suelo de parqué. Me reí al mirar a través de la vantanita de la puerta y vi cuatro perros peludos corriendo a ver quién llegaba primero a la puerta.

La puerta se abrió, Barry y yo nos agachamos y saludamos a nuestros peludos amigos antes de saludar a nuestros anfitriones, Karylin y Joe.

—¡Vaya jauría! —dijo Barry mientras el menor de los perros lo lamía por todos lados.

Nos sentamos en el cuarto de estar de nuestros amigos a tomar té y poco a poco todos los perros encontraron su lugar, descansando después de tan efusiva bienvenida.

—Karalyn, dime algo de los perros —le dije—. ¡Menuda colección tienes!

—Bueno, Anabel vino de una familia que la maltrataba —empezó Karalyn—, me enteré por una amiga que a esta perrita le pegaban y la dejaban a la intemperie sin nada que comer y decidí hacer algo. Cuando la trajimos a casa, tenía partida una de la patas por cinco lugares.

Miré a Anabel que dormía apaciblemente en el regazo de Joe y me pareció muy difícil de imaginar que haya gente que sea tan cruel.

—El pequeño de pelo blanco la está pasando mal —continuó Karalyn—. Está completamente sordo, tiene la columna mala y le duele una de las patas.

Sunday, un yorkie enfermo de los pulmones con un lazo morado en el pelo, se está poniendo viejo y Jackson parecía que iba a ladrar hasta que viste que movía la cola como si fuera una hélice y fuera a salir volando. Nunca he visto perros tan queridos y cuidados como estos cuatro.

—¿Acostumbras a rescatar perros de la perrera? —le pregunté.

—Así es —contestó Karalyn sonriendo con su esposo mientras este meneaba la cabeza de asombro de tener una esposa con un corazón tan grande—. Cualquiera prefiere un animal perfecto: uno joven que se vea bien sin defectos ni limitaciones. He descubierto que los animales abandonados son los que dan más afecto.

Más tarde pensé en lo que Karalyn dijo y lo relacioné con la gente. A menudo queremos estar con la gente «bonita», o sea, el grupo que se asemeja y suena como nosotros. Aun así, Cristo dijo: «Invita a los pobres, a los inválidos, a los cojos y a los ciegos. Entonces serás dichoso.»

Vi eso en Karalyn. Ella es bienaventurada por el amor que recibe de sus amigos que menean la cola y por saber que logró distinguirse en vidas que necesitan un milagro.

El relato de Cristo sigue diciendo que no debemos preocuparnos tanto por los que pueden retribuirnos, sino por quienes no tienen nada que ofrecer. En cada iglesia de Estados Unidos existen los que entran solitarios y salen igual todos los domingos. En cada vecindario viven personas solitarias. Los hogares de ancianos están llenos de vidas olvidadas. Ya no viene nadie a visitarlos. Me imagino a estos ancianos contemplar a grupos de amigos y familiares conversar y reír juntos, yéndose a un parque o partido de fútbol. ¡Qué bendición sería para ellos y para nosotros si en verdad los incluyéramos en nuestras vidas!

«Señor, me viste en mi desnudez y me amaste de todas maneras. Me alcanzaste siendo pecadora, te oí llamarme amiga. Por lo tanto, te pido que me des ojos para ver a los que no tienen nombre. Cristo, derrama tu aceite sobre corazones heridos en esta tierra otra vez. Amén.»

EL PERFUME MÁS FUERTE

Bárbara Johnson

✗❤✗❤✗❤✗❤✗❤✗❤✗❤✗❤✗❤✗❤
Sin embargo, gracias a Dios que en Cristo siempre nos
lleva triunfantes y, por medio de nosotros, esparce por
todas partes la fragancia de su conocimiento.

2 CORINTIOS 2:14

La «aromaterapia» es una nueva corriente de moda que enseña que ciertos aromas pueden tener efectos poderosos sobre nuestro estado síquico. La propaganda que nos trata de vender estos aromas suele mostrar a una mujer toda relajada en un baño de burbujas, con los ojos cerrados y la cabeza reclinada en un cojín. Una dulce sonrisa cubre toda la cara de esta mujer, quien pareciera flotar serenamente sobre la nube de burbujas que flotan bajo su barbilla. Con solo una gota de esta fragancia especial, parece que dicen los anuncios, se verá veinte años más joven, treinta libras más delgada y tendrá cuarenta veces más de probabilidades que toquen a su puerta anunciándole que ha ganado una rifa de cincuenta millones de dólares.

En mi caso, cualquier olor, terapéutico o no, hace un desvío por la cocina antes de llegar a mi estado síquico. Lo cierto es que me cuesta mucho oler cualquier cosa: desde flores (que me recuerdan meriendas en el parque) hasta el humo (que en nuestra casa es la señal que anuncia que la cena está lista), sin tener algún tipo de imagen de una comida pululando en mi cabeza. El placer que me da pensar en la comida tiene el segundo lugar si lo comparo con comérmela. Con solo visualizar un helado cubierto de chocolate derretido o un suculento filete de carne me puede llevar a la deriva en la imaginación… ¡y al restaurante más caro! (Como dijera mi esposo Bill: «¡Barbarita cocina por diversión, pero para una comida, vamos fuera!»)

Todo este asunto de olores no es nada nuevo. Hace tiempo, cuando estaba en la universidad, era camarera del comedor del campus universitario, donde hacían unos panes grandes y suavecitos para la cena de los domingos. Sentada en el culto los domingos por la mañana, el aroma de esos sabrosos panes viajaba y se colaba por las ventanas de la capilla donde estaba, pidiéndome que me fuera a trabajar (y a comer; los que trabajábamos en la cocina siempre podíamos probar un poco de esos panes para asegurarnos que estaban buenos). El olor de ese pan recién horneado llegaba hasta la banca donde estaba sentada en la iglesia y me halaba hacia la fuente misma de tan maravilloso olor.

«Disculpe, perdón», susurraba a medida que me deslizaba hacia el extremo de la banca para alcanzar la puerta. «Tengo que irme a trabajar.»

Pues sí, al menos soy tan vulnerable a la aromaterapia como los demás, y lo he sido desde hace mucho tiempo. Hay un lugar en el que la aromaterapia es en verdad poderosa, al menos para mí. Nunca lo entendí bien hasta que hace poco leí el libro de David Koenig, *Mouse Tales* [Cuentos de ratón] (Bonaventure Press, 1994) donde cuenta algunos secretos, detrás del telón, de Disneylandia, a tan solo veinte minutos de mi casa, aquí en el sur de California. Resulta que Walt Disney y sus «imagingenieros» se dieron cuenta de la relación entre el olor y mi estado síquico, mucho antes que los modernos aromaterapeutas lograran su hallazgo.

Siempre que ando por la calle principal de Disneylandia, descubro que le sonrío a todo el mundo, incluso hasta la familia imprudente que se nos coló antes de entrar al parque. Y antes de darme cuenta, mi estado de ánimo cambió de una turista con prisa, lista para picarle las ruedas al próximo cochecito de niño que me vuelva a pisar los pies, a una persona que anda toda jovial por la acera a punto de silbar «zipidi-du-da» [famosa tonada de Disney].

Parte del mágico cambio de estado de ánimo viene por las sutiles olas de aroma que flotan en las fachadas de lo que aparenta ser un mercado. Desde las ventanitas ocultas que están frente al Palacio de los Caramelos sale un delicioso aroma de vainilla. En época navideña el aroma es menta. Y según me han dicho, a tres mil kilómetros en la ciudad de Hershey, Pennsylvania, ocurre lo mismo (solo que en este caso es chocolate) con los que visitan el Mundo de Chocolate.

En efecto, la fragancia puede ser una fuerza invisible y poderosa que no solamente influye en nuestro paladar. Con el poder irresistible de una ola arrasadora que nos puede barrer, cambiando lo que pareciera inmutable: nuestras actitudes.

La Palabra de Dios es así también. Opera su poder invisible sobre nosotros en maneras sutiles y arrolladoras. Como dijera C.S. Lewis: «Nos susurra en nuestras alegrías, nos habla en nuestras dificultades y grita en nuestras penas.» Nos cambia el estado emocional, moldea de nuevo nuestras actitudes y nos infunde valor. Inhalamos el amor de Dios y exhalamos su bondad, respiramos su gracia y soltamos el aire de su alabanza.

Como la mujer en la bañera, nos empapamos del amor de Dios y burbujea a nuestro alrededor, levanta nuestra barbilla, suaviza nuestro espíritu, libera nuestros problemas y nos trae paz en medio de las penas. Es la terapia más eficaz del universo y su fragancia se nos adhiere a donde quiera que vayamos. Esperamos que otros al pasar por nuestras vidas, puedan captar el amor de Dios y ver cómo sus actitudes cambian y sus corazones buscan la Fuente de esa fragancia.

«Misericordioso Señor, infunde en mí la fragancia de tu Palabra para que así otros sientan en mí la profundidad de tu amor y el gozo de tu presencia. Amén.»

PRIMERAS IMPRESIONES

Thelma Wells

No juzguen a nadie, para que nadie
los juzgue a ustedes.

MATEO 7:1

Quizá has oído el dicho: «Nunca tienes una segunda oportunidad para lograr la primera impresión.» Es cierto, la primera impresión es casi siempre la que perdura. Sin embargo, gracias a Dios, a veces tenemos otra oportunidad.

Cuando conocí a nuestros amigos James y Juanita Tennard, el cuadro no era muy bonito. Era la una de la madrugada. Esperaba el parto de nuestro segundo hijo. Estaba furiosa con mi esposo por haber estado fuera de casa más tiempo de la cuenta. Me sentía así porque temía que algo le hubiera pasado, estaba frustrada y enfadada.

Cuando vi el auto llegar hasta la marquesina, recibí a George en la puerta y no le saludé con cariño ni ternura. Fui como un vendaval diciéndole: «¿Dónde has estado? ¿Qué significa esto de llegar a casa a estas horas de la noche?»

Él trató de explicar. «Me encontré con estos amigos de Houston. Fuimos a cenar. Están en el auto esperando para pasar la noche aquí. Les dije que no te importaría.»

¡Ah! De inmediato, cambié la atención de darle una descarga para invitarles a entrar a casa. Juanita dice que dije: «Entren. Sean todos bienvenidos. No estoy enfadada con ustedes. La descarga es con George.» Ella dijo que temía entrar.

Sin embargo, una vez que entraron a casa, les preparé una buena cama, les comenté mi preocupación por George y por qué estaba molesta, ambos entendieron. Esa noche de otoño de 1963, aunque no di muy buena impresión la primera vez, comenzamos una sólida amistad que ha perdurado más de tres décadas a través de pruebas y dificultades, buenos y malos tiempos.

Nos juntamos varias veces al año en Semana Santa, bodas, aniversarios, graduaciones, algún bebe que nace y funerales. Tammy, su hija menor, empezó a gatear en la sala de nuestra casa.

La primera impresión que James y Juanita tuvieron de mí era de una esposa mala, gruñona. Aunque recuerdan el incidente, poco a poco conocieron la verdadera Thelma y me dieron una segunda oportunidad para dar una impresión más favorable.

No puedo decir que hice lo mismo en un incidente ocurrido a mediados de los ochenta. Entré a un banco de Dallas a fin de reunirme con un vicepresidente acerca de la preparación de servicio al cliente. Llegué hasta el escritorio de la secretaria, sonreí, le di mi nombre y le dije por qué estaba allí. La secretaria paró de trabajar, me miró de arriba abajo, no me respondió, se puso de pie y se marchó dejándome allí. Me sentí apabullada. Me imaginé que ya se había hecho una idea de mí y decidió que no valía ni un gesto que me pudiera dar y mucho menos una sonrisa ni un apretón de manos.

Buscando un rostro más amigable, encontré otra empleada y le pedí que le avisara al caballero de mi presencia. Cuando tomé asiento en la oficina del vicepresidente, empecé a contarle el incidente.

Me interrumpió preguntándome: «¿Qué ha hecho esta vez?»

«¡Esta vez, esta vez! ¿Por qué está aún aquí?», pregunté.

El vicepresidente explicó que a menudo recibía quejas de la actitud tan cortante que tenía esta mujer con los clientes y colegas, pero se sentía esperanzado de que mi seminario la pudiera ayudar a cambiar. No le dije que no podía hacer milagros, pero eso es lo que pensaba. Incluso, si así hubiera sido, no me hubiera gustado usar mis talentos con ella. No me entusiasmaba nada tener en mi clase a Doña Arrogante. Ya me había llevado una impresión de esa mujer.

Pues bien, sorpresa. Cuando di la clase de servicio al cliente, fue una de las que más participó. Era amigable, amable en sus comentarios, agradable, positiva, educada y de buen talante. Sin embargo, nada de eso tenía sentido alguno para mí. Lo único que recordaba era lo pedante que había sido conmigo. Desconocía lo que le causó tal cambio. Quizá había pasado por muchas penas en su vida. Quizá no conocía toda su historia. No me importaba. No señor, la primera impresión dejó marcada una perenne impresión.

En ese momento no seguía lo que Cristo exhorta respecto a darle lugar a los demás para que causen una segunda impresión. Necesitaba darle una segunda oportunidad. Después de todo, esa misma gracia me la dieron antes James y Juanita, y Cristo mismo. Eso no significa que hubiera cambiado de parecer, pero tampoco una actitud cerrada era la manera de enfrentar la situación.

Quizá has juzgado a una persona sin darle la oportunidad de que te muestre quién es en realidad. Quizá has descartado a cierta persona de la que no quieres saber nada. Quizá has decidido que no puedes trabajar con alguno de tu equipo de trabajo. Quizá rehusas trabajar con alguien en particular que está en un mismo comité de la iglesia. Incluso has hecho que esa persona no se acerque por tu casa. A esa persona se le debe dar una segunda oportunidad para que cause una primera impresión.

¿Y qué de ti? ¿Cuántas veces has dado cierta impresión a otras personas de la que no te sientes orgullosa? ¿Cuántas veces te has preguntado por qué dijiste o hiciste algo que causara una mala impresión en otra persona? ¿Cuántas veces aparentas ser algo que no eres?

Cuando doy una primera impresión falsa, me consuela saber que Dios nos conoce por dentro y por fuera. Nunca tiene que preguntarse quiénes somos ni qué estaremos tramando. Incluso, si a veces nos comportamos mal, entiende lo que nos motiva a hacerlo y nos acepta aun en nuestros peores momentos. Deseo hacer lo mismo con los demás.

«Querido Señor, a veces actuamos de forma que enviamos un falso mensaje de quiénes somos. Todos hemos dado una primera mala impresión. Antes que todo, ayúdanos a tener en mente cómo debemos crear la impresión de que la gracia y la misericordia de Cristo están vivas en nosotras. Amén.»

VIAJEMOS CALLE ABAJO

¿Baches? ¿Qué baches?

✖❤✖❤✖❤✖❤✖❤✖❤✖❤✖❤✖❤✖❤✖❤

TROTEMOS UN POCO

Patsy Clairmont

✿♥✿♥✿♥✿♥✿♥✿♥✿♥✿♥✿♥✿♥

El Señor no se deleita en los bríos del caballo, ni se
complace en la agilidad del hombre, sino que se
complace en los que le temen, en los que
confían en su gran amor.

SALMO 147:10-11

¡Arre, Cecil, Arre!

Cecil es mi yegua. Bueno, no soy la dueña. En verdad la monté
una sola vez, pero es la única yegua (¿o será un caballo?) que me habló
después de un paseo.

Esto fue lo que sucedió. Me invitaron a visitar el rancho Remuda,
en Wickenberg, Arizona, que tiene unas instalaciones para ayudar
a jovencitas con trastornos alimentarios. Uno de los atractivos de
esta excursión era poder ir a montar caballo. Mi esposo, Les, no pensó
que fuera sabio de mi parte aceptar tal invitación de trotar por los
caminos polvorientos. No le preocupaba el polvo en sí, sino mi falta
de práctica, mi poca experiencia en una montura y mi cuerpo oxi-
dado. A Les no le preocupaba mucho los caminos que íbamos a tomar,
sino la columna mía que terminara hecha pedazos. Vamos, confíen
un poco.

A mi llegada, Kay, la amable anfitriona, me saludó con entusiasmo. Asistimos a un culto en la capilla y de allí nos fuimos a los esta-
blos. Las advertencias de mi esposo aún sonaban en mis oídos mientras inspeccionaba los caballos. Lo cierto es que había pensado ver
cómo los demás montaban hasta elegir un caballo particular.

Pensé: Si accedí a cabalgar, ese es el caballo que quisiera. Este animal me recordó los días de mi infancia cuando veía semanalmente
a Roy y Dale Rogers [famosos vaqueros de la televisión] con Trigger
y Buttercup [sus caballos]. Pues este caballo se parecía a Trigger y
todos saben que Trigger solo te llevaba por parajes bonitos.

Todos los trabajadores del rancho me animaron a seguirles. Vaci-
lé un poco, hasta que Kay me indicó el caballo (alias Trigger) y me
dijo que sería mi corcel. Entonces me ajusté las botas y caminé aprisa
hacia el caballo. (¡Han visto a alguna de cinco pies de estatura andar

87

aprisa?) Los empleados del establo nos presentaron formalmente al caballo y a mí.

«¿Cecil?, ¡Cecil!», repetí estupefacta de que alguien le pusiera el nombre de Cecil al caballo de Roy Rogers. «¡Vaya! Cecil es una serpiente de mar.»

Después que me contaron todas las pacíficas virtudes de Cecil por undécima vez, cedí y con la ayuda de una caja abordé mi medio de transporte que aguardaba. Acallé a mi palpitante corazón al razonar que Cecil era tan solo un vehículo de un caballo de fuerza.

Los seis trabajadores, mi nuera Dania y yo nos pusimos en fila y salimos. Cecil y yo andábamos bien juntos. Es más, dejábamos huellas. El único problema que tenía eran los estribos. Eran muy largos para mis cortas piernas y me sentía como una bailarina estirándome para tratar de mantener mis pies en los estribos (y eso que los habían ajustado todo para arriba, al máximo).

Pronto, sentí el primer empellón en mi montura al acertar, se puede decir, con mi primer bache: mis piernas empezaron a dolerme. Sin embargo, seguí ya que apenas habíamos montado tres minutos. Pues bien, seis minutos después de montar a caballo, los músculos de mis piernas empezaron a gritar: «¿Te volviste loca? ¿Qué te crees que haces?» Y entonces mi espalda (mi segundo bache) se unió al coro de lloriqueos. Era evidente que mi estilo de vida aeróbico de levantar el periódico en vilo del suelo o recoger la correspondencia del buzón, no me había preparado para estos ejercicios ecuestres.

Finalmente, con mis piernas que se estiraron más de lo que para lo que estaban hechas y con un nudo en la espalda del tamaño del estado de New Hampshire, pedí clemencia a los trabajadores. Enseguida, y con compasión, regresaron al establo. Al bajar de Cecil, después de montar once minutos, mis piernas temblaban. Me parecía a un juguete de esos que por mucho que lo muevas no se cae, ya que casi a rastras fui hasta una banca. Tres días después mi espalda se sentía como si Cecil me hubiera montado a mí.

A la mañana siguiente, temblaba menos, pero mis espaldas seguía amenazándome con insultos. No le mencioné esta incomodidad a mi esposo para que no se sintiera, bueno, que tenía la razón o algo así.

¿Encuentras que te es difícil recibir buenos consejos? ¿O vivir dentro de tus limitaciones? ¿O admitir que estás equivocada? Recuerda esto: si te da un dolor de espaldas por llevar a tu caballo, que no te sorprenda.

«*Señor, ayúdanos a no emplear nuestros esfuerzos perdiendo tiempo trotando, sino galopando hacia la sabiduría. Amén.*»

ME AGRADAN LAS MUJERES LISTAS

Thelma Wells

La reina de Sabá se enteró de la fama de Salomón, con
la cual él honraba al SEÑOR, así que fue a verlo para
ponerlo a prueba con preguntas difíciles.

1 REYES 10:1

Uno de los dichos favoritos de mi esposo viene del anuncio televisivo en el que un niñito dice: «Me agradan las mujeres listas.» Cuando digo alguna cosa que él piensa que es acertada, o encuentro algo que se le perdió, o tomo una decisión que él piensa que fue con conocimiento de causa, comenta: «Me agradan las mujeres listas.»

Hay un número de mujeres listas en la Biblia que nos demuestran sus dotes. Una de ellas es la poderosa y hermosa reina de Sabá. La gracia, determinación, liderazgo, dotes de negociación y una predisposición de aprender más de Dios de esta mujer me fascina. Ahora bien, ¿no es esta una lista en la cual quisiéramos que apareciera detrás de nuestro nombre en el Libro de la Vida?

La reina árabe viajó dos mil doscientos cincuenta y tres kilómetros hasta Jerusalén (y quizá estamos hablando en camello, nada de avión) para establecer diplomacia y aprender del hombre más sabio que jamás haya vivido, el rey Salomón. Me los puedo imaginar cenando juntos. Ella saca el lápiz y abre el cuaderno de notas lleno de preguntas que se ha hecho durante ese largo viaje. Se ha propuesto ver qué se necesita para que este tipo listo haga su jugada.

Puedo imaginármela tomando nota de todo lo que Salomón dice y olvidándose del pato a la naranja que le sirvieron. Esto es porque sus respuestas son satisfactorias. (¿Por qué será que pienso que esta mujer no andaba con tontos?)

Después de la sesión de preguntas y respuestas pasaron a dar un paseo por la casa. A medida que la Sabá admiraba el tremendo palacio del rey, revisaba las mesas para ver si tenían polvo, sin éxito alguno, notaba que los hospitalarios sirvientes estaban elegantemente vestidos y que los coperos eran también muy solícitos, estaba impactada.

La reina era una mujer de grandes posesiones e influyente, y tenía múltiples razones para su visita diplomática a este rey. Quería hacer un trato con Salomón, de quien su país estaba entre la tierra de ella y el mar. Así que tenía en mente negociar un tratado internacional. Para eso cargó su equipaje con regalos de atractivo especial (oro, especias y piedras preciosas). Una mujer lista.

La señorita Sabá regreso a Arabia con algo más que un acuerdo de negociaciones y un cuaderno de notas lleno de información. Su corazón se estremeció con lo que aprendió sobre el Dios de Salomón y regresó a su reino para revolucionar las religiones paganas. Fue la que presentó la idea a su pueblo de adorar al Dios vivo y verdadero.

Cuando pienso en la reina de Sabá y lo que hizo por el mundo, estoy convencida que por más ventajoso que sea tener poder, influencia, posesiones, estudios, propósitos y determinación, el atributo más importante en nuestras vidas es buscar y aplicar la sabiduría divina.

Según Proverbios: «El principio de la sabiduría es el temor al Señor» (9:10). La reina de Sabá tuvo temor (reverente) del Dios de Salomón. A decir verdad, se ganó una mención que Jesús mismo hizo de ella cuando dijo: «La reina del Sur se levantará en el día del juicio y condenará a esta generación; porque ella vino desde los confines de la tierra para escuchar la sabiduría de Salomón, y aquí tienen ustedes a uno más grande que Salomón» (Mateo 12:42).

¿No te has dado cuenta que cuanto más sabias somos más éxito tenemos en lo que emprendemos? Nuestro negocio mejora. Nuestras relaciones personales y familiares permanecen intactas. Nuestras finanzas están bajo control. Nuestras negociaciones son justas. Nuestro intelecto mejora. Nuestra vida espiritual se perfecciona. Nuestro andar cristiano es más fácil.

Doy gracias al Señor por el ejemplo de esta mujer tan lista que usó su inteligencia y su franqueza espiritual para mostrarle al mundo que buscar la sabiduría es el mayor atributo.

«Padre, a veces podemos pensar que somos listas hasta que nos vemos haciendo las cosas por nosotras mismas sin consultarte a ti. ¿Cuándo aprenderemos que la sabiduría solamente proviene de ti? Ayúdanos a apoyarnos en ti al dirigir todos nuestros asuntos. Amén.»

CANTA A TODO PULMÓN, ERES DE LA FAMILIA

Sheila Walsh

Pues estoy convencido de que ni la muerte ni la vida, ni
los ángeles ni los demonios, ni lo presente ni lo por
venir, ni los poderes, ni lo alto ni lo profundo,
ni cosa alguna en toda la creación, podrá apartarnos
del amor que Dios nos ha manifestado en
Cristo Jesús nuestro Señor.

Romanos 8:38-39

Me agrada saber que mi bebito no tiene sentido de lo que es apropiado en asuntos de hacer ruido. Es tan feliz como un cerdito en el fango y le encanta que todos lo sepan.

El primer domingo que lo llevamos a la iglesia, estábamos un tanto nerviosos por dejarlo en la guardería, así que optamos por sentarnos en la fila de atrás, sabiendo que al primer ruido nos podíamos levantar y salir rápido. Durmió todo el tiempo de la adoración, los anuncios y la ofrenda. Creíamos que todo estaría en calma con esta criatura profundamente espiritual.

Entonces llegó el sermón. Christian estaba acurrucado en mis brazos, chupándose el dedo, profundamente dormido (al menos eso pensé). Barry y yo oíamos atentamente a nuestro pastor hablar sobre la vergüenza que se apoderó del rey David cuando su pecado se arraigó en él.

De repente, Christian irrumpió en la versión de bebé de «Firmes y Adelante», a un nivel de decibeles que podía reventarle los oídos a un perro. Pegué un salto tan rápido que casi se me cae el niño. Todos se voltearon para ver qué bebé estaba estropeando el culto. Salí de inmediato susurrándole en vano: «¡Shh!» Al parecer, eso lo animó más aun porque siguió con la segunda estrofa, con una sonrisa de oreja a oreja.

Cuando ya estábamos afuera, me reía tanto que casi no podía andar ni respirar. Hay algo muy encantador en ese tipo de inocencia. Cuando él está feliz, nos damos cuenta, y cuando no lo está, también. No se le hubiera ocurrido otra cosa que ser auténtico.

Cuando los niños se creen seguros, se sienten libres para ser quienes son en realidad. De esa manera podemos vivir tú y yo también. Dios es el único que lo sabe todo de nosotros. Conoce nuestros buenos pensamientos, incluso aquellos con los que luchamos en admitir que son nuestros. De modo que no importa lo que le puedas contar a alguien más de tu vida que pudiera cambiar la opinión que esa persona tiene de ti, nada de lo que pudieras decir evitaría el cariño de Dios hacia ti. Lo sabe todo y te ama. Sin duda este tipo de seguridad debiera de hacernos libres para ser quienes somos en verdad.

Cuando entendemos que no somos la esperanza ni el gozo sino una a quien se le otorgó el privilegio de alegrarse en Aquel que sí lo es y a la vez pasarle a los demás su amor, la vida entonces vuelve a tomar su espontaneidad y alegría. Te animo a meditar en las palabras de Dios que dicen: «Pues estoy convencido de que ni la muerte ni la vida, ni los ángeles ni los demonios, ni lo presente ni lo por venir, ni los poderes, ni lo alto ni lo profundo, ni cosa alguna en toda la creación, podrá apartarnos del amor que Dios nos ha manifestado en Cristo Jesús nuestro Señor» (Romanos 8:38-39).

¡Qué regalo es este, en medio de un mundo de incertidumbre! Esto es suficiente para traer a un coro que cante la canción «Firmes y Adelante».

«Señor Jesucristo, me gozo en tu amor por mí y en tu presencia canto. ¡Aleluya!»

NADA MÁS QUE POR DIVERSIÓN

Marilyn Meberg

TÚ, SEÑOR, me llenas de alegría con tus maravillas; por
eso alabaré jubiloso las obras de tus manos.

SALMO 92:4

—Marilyn, ¿te gustaría ir a la Antártica en Navidad? —me
preguntó Luci el verano pasado mientras nos dirigíamos
al aeropuerto de Palm Springs.

—¡No se me ocurre otra cosa menos atractiva! —dije con tacto,
mientras daba un ligero viraje—. ¿Para qué quiero que ir a la Antártica? ¿Quién tiene ganas de ir allí? ¿Tú no quieres ir a la Antártica,
verdad?

—Sería una manera ideal de ver a los pingüinos en su hábitat natural —dijo ella, sabiendo mi afinidad por los pingüinos.

—¡Pero, Luci, para eso puedo ir al acuario si quiero ver pingüinos! Además, soy una abuela con dos nietos. No puede ser que pienses
que dejaría de pasar la Navidad con ellos para pasarla con unos
pingüinos. ¿En qué estás pensando?

Sabiendo que tenía ahora toda mi atención, Luci me dijo que
había estado leyendo sobre el crucero del Estrecho de Magallanes
que salió de Valparaíso, Chile, dio la vuelta en el Cabo de Hornos
y dos semanas después concluyó en Buenos Aires.

—¿Qué tienen que ver la Antártica y los pingüinos con todo esto?
—le dije confusa.

—Bueno, en realidad ese crucero está lleno, pero este otro ofrece
un vuelo sobre la Antártica para tomar fotos e ir en un viaje especial a Punta Tombo, donde se encuentra el mayor criadero magallánico de pingüinos del mundo.

Sintiéndome un poco burlada, así y todo me atrajo el viaje. Por
insistencia de mis hijos, que me recordaron que este era el año para
los suegros en Navidad, pasamos las Navidades todos juntos en fechas
de Acción de Gracias y Luci, las otras dos amigas y yo volamos a
Chile. Abordamos el barco el 13 de diciembre e hicimos una fan-
tástica travesía.

Me sorprendió la incomparable belleza de Chile al navegar lentamente por los profundos fiordos, montañas con nieve en sus cumbres, glaciares y témpanos de hielo que inspiraban a fotografiarlos. El

paisaje chileno debe ser uno de los secretos mejor guardados del mundo. Claro está, bien puede ser que por fin me ponía al día con todo lo que el mundo ya sabía.

Una vez alcanzado el cabo dirigiéndonos hacia Puerto Madryn, ya estaba toda entusiasmada. Desde allí podíamos viajar en autobús unos ciento sesenta kilómetros al sur del sitio magallánico de los pingüinos. No había oído de este tipo de pingüino (¿qué hay de nuevo en eso?), y aprendí que prefieren un clima más cálido, vivir en zanjas y suenan como asnos cuando hablan. Encontré toda esta información muy interesante, pero no estaba preparada para la delicia que sentí de ver nuestro autobús al hacerse camino a través de esta zona costera de nidos de pingüinos donde había cientos de ellos por todos lados, sin importarle de quién era el estacionamiento ni el tamaño de nuestro inmenso autobús. Tenían su propia agenda y nosotros no éramos parte de la misma..

Al salir del autobús, los pingüinos nos cubrían hasta las rodillas. Algunos se dirigían con trabajo hacia el agua, donde se tiraban, mientras otros se quedaban para ver qué iban a hacer.

Había un pingüino en particular que se mostraba muy amigable cuando Mary le habló en ese idioma reservado para sus dos perritos. El pingüino en cuestión meneó la cabeza para la derecha y la izquierda en lo que pareciera un esfuerzo por entender lo que Mary decía.

Entonces el pingüino, que parecía aburrido, se volteó hacia la mujer que estaba al lado de Mary y comenzó con un gran esfuerzo a tratar de desatarle los cordones. Al no poder hacerlo, el pingüino empezó a darle a la mujer con las aletas en las piernas, lo que hizo que nos pusiéramos histéricas. Con eso el pingüino se dio a la fuga. La mujer no sufrió daños, pero tenía unos moretones muy visibles al día siguiente.

Al regresar al barco en el autobús, me sentí contenta y agradecida a Dios por «la obra de sus manos». Que yo sepa, los pingüinos no tienen ningún propósito práctico en la vida, excepto darle a las personas como yo un inmenso placer. Es posible que Dios haya ordenado ciertas cosas en nuestra vida con el simple propósito que «en las obras de tus manos me goce». Desde los picos de hielo de los glaciares y su grandeza hasta la tierra de los inútiles pingüinos, qué gozo es «cantar de alegría» por su creación.

«Señor mi Dios, gracias por la inmensa belleza y diversidad de tu creación. Gracias por la oportunidad de revelarlo y saber de donde proviene. Gracias porque le place al corazón del Padre darme, siendo su hija, gozo. Amén.»

¿SIMPLE INCONVENIENTE O GRAN DESASTRE?

Luci Swindoll

✗♥✗♥✗♥✗♥✗♥✗♥✗♥✗♥✗♥✗♥
El temor del SEÑOR conduce a la vida; da un
sueño tranquilo y evita los problemas.

PROVERBIOS 19:23

*E*ncontré un artículo en el *London Times* donde relata un día
funesto que tuvo un campesino. Aplastado por su tractor en una
posición muy mala y temporalmente ciego, a duras penas pudo volver
a su casa, casi a rastras por dos kilómetros para llegar y quitarse las
botas y evitar ensuciar el piso de la cocina.

Fred Williamson había estado usando las luces del tractor para
poder ver mientras reparaba un tanque de agua que estaba en el
campo. El freno de mano falló y el tractor lo atropelló, cortándole
la cara con un alambre de púas que se había quedado enganchado en
las ruedas del tractor. El señor Williamson sufrió fracturas en las
costillas y en la nuca, la perforación de un pulmón y daños en la cara
que lo dejaron irreconocible.

Después del accidente, logró apagar el tractor y cerrar el portón.
Caminó hasta su casa y le dijo a su esposa: «Mary, ten calma, pero
necesito una ambulancia.» Tenía la mandíbula y los huesos donde
están los cachetes fracturados y la nariz en mil pedazos. Le faltaba
el ojo izquierdo. Su esposa comentó que la primera cosa que él dijo
después que lo intervinieron quirúrgicamente por ocho horas fue si
había arreglado el agua.

Bueno, tengo que admirar a este hombre. De todos los que tuvieran
derecho a quejarse, Fred Williamson es uno de ellos. Ahora bien,
también me da gracia porque el señor Williamson tomó mi filosofía
de la vida al extremo.

Cuando oigo a la gente quejarse, a menudo pienso: No saben distinguir entre un simple inconveniente y un gran desastre. Necesitamos reconocer las vastas diferencias entre las dos. Nunca nadie dijo
que la vida es fácil, libre de problemas. Todo el mundo sabe eso. El
secreto para enfrentar los problemas está en cómo los vemos. Es una
cuestión de actitud. Quedarse sin café es un inconveniente. Que
llueva en medio de una merienda en el parque es otro inconveniente.
Pero, ¿la mandíbula y los huesos de la cara fracturados, una nariz
hecha pedazos y la falta de un ojo? ¡Eso si es una catástrofe!

El verano pasado, mientras viajaba con una amiga por las islas Británicas, se nos pinchó una de las ruedas del pequeño coche alquilado. ¡Qué lastima! En una curva, un autobús de esos grandes, se apropió de la mitad de la carretera, obligándonos a irnos contra una cerca de piedra, pinchándonos y estropeándonos toda la rueda, y averiando el parachoques. Logramos empujar el coche por la carretera hasta una casa desde donde hicimos una llamada y esperamos al mecánico.

Para algunos esto hubiera sido una catástrofe. Después de todo este coche no era nuestro, estábamos en un país extraño, no teníamos ni idea de cuánto nos iba a costar la reparación y nos quitó tiempo muy precioso de ese día. Sin embargo, no lo sentimos así. Mientras esperábamos sentadas en una roca, teníamos una vista espectacular de la costa de Irlanda y nos reímos muchísimo. A ninguna de nosotras se nos olvidará este incidente y las fotos captaron el momento.

Quizá soy una optimista empedernida, pero creo que la vida hay que disfrutarla con alegría en vez de sobrellevarla con rencor. Entendemos que tiene problemas y cosas complejas. Las Escrituras afirman eso. ¿Y por que nos irritamos tanto por cosas pequeñas? ¿Por qué actuamos como si fuera el fin del mundo? Piensa de cuántas penas y conflictos nos hubiéramos librado, por el estrés que atravesaríamos si tan solo nos damos cuenta que podemos sobrepasar los simples inconvenientes.

Todo esto es parte de que disfrutaremos de «un sueño tranquilo» y evitaremos «los problemas», como el versículo de hoy lo describe. Es creer cuando confías en Dios, a pesar de las circunstancias tienes «vida, felicidad y protección del mal» (Proverbios 19:23, La Biblia al Día).

La próxima vez que algo quiera destruirte y sientas quejarte, piensa en Fred Williamson.

«Padre, danos la gracia para descansar contentas en ti sin importarnos lo que pase. Enséñanos a confiar. Amén.»

PALABRAS DE ALIENTO

Bárbara Johnson

❤✖❤✖❤✖❤✖❤✖❤✖❤✖❤✖❤✖❤✖❤
Los corazones ansiosos están apesadumbrados, pero
una palabra de aliento produce maravillas.

PROVERBIOS 12:25 (LA BIBLIA AL DÍA)

Aquella noche de tormenta cuando los discípulos divisaron a Jesús andar sobre las aguas, estaban muertos de miedo, creyendo que era un fantasma. Pero Jesús les dijo tranquilamente:

—No tengan miedo.

Pedro, el más charlatán de todos, contestó primero.

—Señor, si eres tú —respondió Pedro—, mándame que vaya a ti sobre el agua.

—Ven —dijo Jesús.

Si eres un padre, es muy posible que recuerdes cuando tus hijos aprendían a caminar. Después de ponerse en pie, casi sin equilibrio, quizá les dijiste tranquilamente: «Ven, que sí puedes. Ven, da un paso.»

Con nuestros brazos abiertos los convencimos y animamos. Tarde o temprano, puesta nuestra fe en ellos, se despegaron de la mesa, o de la pierna de papá o de apoyarse en la bañadera y dieron el primer paso gigantesco.

¡Qué maravillas puede lograr un poco de aliento! Es uno de los tesoros más tremendos que Dios nos haya dado: la habilidad de inspirar, motivar y darle seguridad a los demás.

Hasta los bebés poseen esto. Los científicos dicen que la progresión natural del desarrollo de los bebés es aprender a dar con las palmas. Eso significa que Dios los dotó con la capacidad de animarnos a nosotros los padres (¡y sabe Dios que necesitamos todo el ánimo que nos den!).

El apóstol Pablo nos recordó a todos, jóvenes y ancianos por igual, que se nos dio el don de animar (¿y quién de nosotros no lo ha tenido en algún momento?) ¡Entonces debemos usarlo! (véase Romanos 12:8).

El aliento no tiene que ser algo profundo. Después de todo, Jesús alentó al escéptico Pedro a hacer lo imposible con una sola palabra: «Ven.» Solo necesita expresarse.

Alguien ha dicho que dar ánimo es simplemente recordarle a la persona de los «hombros» donde se apoya, la herencia que se le ha otorgado. Eso es lo que le sucedió a un joven, el hijo de una estrella del béisbol, que fue contratado por un equipo de las ligas menores. Por más que trato, la primera temporada fue un fracaso, y a mitad de la temporada pensó que en cualquier momento lo iban a despedir.

Los entrenadores estaban confusos de su fracaso porque el joven poseía todas las cualidades de un gran atleta, pero parecía que no podía incorporar todas esas ventajas en un esfuerzo coordinado. Pareciera como si se hubiera desligado de su potencial.

Hubo un día que su futuro se vio más negro que nunca cuando lo poncharon la primera vez que fue a batear. Volvió al bate dos veces más y lo volvieron a ponchar las dos veces. El receptor pidió tiempo y fue corriendo hacia el montículo del lanzador para tener una conferencia. Mientras estaban ocupados, el árbitro, que estaba detrás de él, le dijo algunas cosas al chico.

Cuando continuaron el partido, en el siguiente lanzamiento el joven botó la pelota fuera del estadio. Y en ese momento todo cambió. A partir de entonces, jugó con una confianza y energía renovadas que pronto atrajo la atención del equipo de primera y lo llamaron para las ligas mayores.

El día que se iba para la gran ciudad uno de los entrenadores le preguntó qué había determinado su cambio. El joven respondió que fueron las palabras de aliento que el árbitro le dijo ese día cuando su carrera como jugador de béisbol parecía llegar a su fin.

«Me dijo que le recordaba todas las veces que estuvo detrás de mi padre cuando a este le tocaba batear», explicó el joven. «Me explicó que agarraba el bate de la misma manera que mi padre lo hacía y me dijo: "Puedo ver sus genes en ti, tienes los brazos de tu padre." Después de eso, siempre que bateaba me imaginaba que usaba los brazos de mi padre en vez de los míos.»

Al igual que ese joven jugador de béisbol, todas tenemos los «genes» de nuestro Padre celestial. Y a veces necesitamos que nos recuerden del gran potencial que poseemos. Necesitamos que alguien identifique nuestro parecido con Aquel que nos creó, para ver la imagen de Dios en nosotros.

Una palabra de aliento puede establecer una distinción. Enseguida nos alistamos para ponernos al bate y pegarle a todo lo que la vida nos lance.

«*Querido Señor, dame las palabras adecuadas de aliento para levantarle el ánimo a alguien hoy. Amén.*»

¡AH!, DULCE REPOSO

Thelma Wells

✗❤✗❤✗❤✗❤✗❤✗❤✗❤✗❤✗❤✗❤✗❤✗❤✗❤

Depositen en él toda ansiedad, porque
él cuida de ustedes.

1 PEDRO 5:7

A veces, a pesar de nuestras mejores intenciones caminamos en un desierto de ansiedad, pérdidas y sin posibilidad de encontrar la salida. Lo sabré yo. Así me sentía. Nada parecía resultar; me sentía devastada y ansiosa, incapaz de determinar cuál sería mi misión en la vida. ¿A qué apuntaba? ¿Dónde estaba el mapa de esta nublada tierra por la que deambulaba sin poder encontrar la salida? Todas tenían una meta. Por fin, me toco a mí. «No tengo meta alguna.» El grupo miró extrañado. Me imagino a la mayoría pensando: ¿Nada de metas? ¿Cómo puede tener éxito sin metas?

No era porque no me había trazado metas. Lo que sucedía es que no sabía cómo poner mi vista en Dios y permitirle que me guiara. Así que, aunque lograba lo que me propuse, aun así me sentía perdida.

Hasta que un día no solamente me sentí perdida, sino que lo había perdido todo. Mi negocio estaba por el suelo, mi esposo había cerrado su negocio y teníamos un montoncito de dinero y una montaña de cuentas. Entonces oí al Dr. Charles Stanley, del Ministerio En Contacto, enseñar sobre la ansiedad

Dijo que la única manera de deshacerse de la ansiedad era humillarse uno mismo delante del Señor y echar todas nuestras cargas sobre él.

Estuve cuatro días cavilando en lo que él había dicho, pensando si sería tan simple. Al cuarto día, me quebranté, lloraba postrada en el suelo de mi habitación. Recuerdo haber orado: «Señor, te entrego mi cuerpo, mente, alma, carrera y familia. Te lo entrego todo. Enséñame tu voluntad. Y me he propuesto no levantarme de aquí hasta sentir algún alivio.»

Un rato después, desperté y me di cuenta que aún estaba en el suelo. Había estado profunda y tranquilamente dormida. Debía haber estado en lo que la Biblia llama un «dulce sueño» porque desperté cantando. No había tenido una canción en mi corazón por meses. Ese fue un momento crucial, de cambio, para mí.

Así que no me sorprendió cuando dos años después estaba en un encuentro con veinticinco mujeres de negocios bien establecidas. Al sentarnos y conversar, tomando té, picando algunos aperitivos, una de ellas dijo: «Vamos a hablar de nuestras metas para el año que viene.» (La reunión se celebraba a finales de año.) Cada mujer habló de su meta más importante con el grupo:

«Voy a ampliar mi negocio en otras esferas.»

«Llegaré a medio millón el año que viene.»

«Quiero contratar dos nuevos miembros para mi personal.»

«Puse un nuevo administrador; ahora me puedo concentrar en empezar otro negocio.»

«Tengo planes de escribir mi primer libro.»

«Deseo tener más tiempo con la familia.»

«Voy a regresar a los estudios.»

Todas tenían una meta. Por fin, me toco a mí. «No tengo meta alguna.» El grupo miró extrañado. Me imagino a la mayoría pensando: ¿Nada de metas? ¿Cómo puede tener éxito sin metas?

Continué diciendo: «Tenía la costumbre de ponerme metas todo el tiempo, pero he decidido que por donde Dios me guíe, le seguiré.»

Hubo silencio en el salón. Fui la ultima en hablar. De seguro algunas señoras pensaron que era una irresponsable. Pero no me importaba. Ya había atravesado el desierto de la ansiedad para llegar a esta conclusión. Ahora bien, es cierto que las metas nos ayudan a ser disciplinadas y a canalizar nuestras energías para alcanzar lo que nos hayamos puesto por delante. Por lo tanto, las metas en sí mismas no son malas. Pero en cuanto a mí, el proponerme metas y no depender en Dios me había llevado a un lugar de confusión y desespero al que no quería regresar. En primer lugar, aprendí que necesitaba humillarme ante Dios y entregarle mis preocupaciones. Entonces él me brindaría dirección. Sin embargo, la renuncia y el dulce reposo fue en lo que quise concentrarme desde ese día en que estuve postrada en el piso.

Quizá estés en el mismo desierto en que yo me encontraba, deambulando ansiosamente, sin rumbo y sin mapa, con un espantoso desastre que viene en tu dirección. Entrega todas tus ansiedades a Dios porque él cuida de ti. Las indicaciones vendrán en el buen tiempo de Dios y el dulce reposo también.

«Señor, enséñame a ir con humildad ante ti, dándote todas las preocupaciones que me pesan tanto, pero que para ti son livianas. Necesito que me alivies la carga. Gracias por tu cuidado conmigo.
Amén.»

COQUETEOS CON EL PELIGRO

Luci Swindoll

✗❤✗❤✗❤✗❤✗❤✗❤✗❤✗❤✗❤✗❤✗❤
Engañoso es el encanto y pasajera la belleza; la mujer
que teme al Señor es digna de alabanza.

PROVERBIOS 31:30

Mi sitio preferido para viajar es África. Está llena de intriga, riesgo y aventura, pero una vez que estás en un safari, el continente es mucho más fascinante.

Lo más interesante de un safari es ver a un leopardo. La mayoría nunca lo ve. Tengo amistades que han vivido por años en el este de África y nunca han visto este escurridizo animal. Nocturno, solitario, y sumamente independiente, el leopardo es reservado y sensualmente atractivo. Anda por la sabana de noche, acecha en silencio a su presa, la mata y la lleva hasta las ramas de un árbol. Todo esto significa que el leopardo es atlético, inteligente y hermoso en verdad. ¡Un animal incomparable!

Mi amiga Mary y yo estuvimos en un safari fotográfico por una semana. No solo vimos los animales en su hábitat, sino que los estudiamos. Tenía cuarenta rollos de película en mi alforja y nuestros diarios estaban llenos de anotaciones de las maravillas de nuestra aventura. Todo iba a la perfección menos una cosa: no había leopardos. No deberíamos contar con eso.

Entonces, el último día de nuestro safari, ya a punto de despedirnos aquella noche de la jungla africana, vimos un hermoso leopardo caminando hacia nosotras con toda la arrogancia del mundo. Nuestro conductor paró. Lo mismo hizo el leopardo. Se dio la vuelta y se sentó erecto muy cerca de nosotras. Estaba posando. El paisaje de fondo le daba un toque de grandeza al momento. Era como un cuadro del pintor George Innes. La tierra en esa parte de Kenia tiene un color rojizo y es rica en nutrientes. El follaje tenía todas las combinaciones del verde, y el cielo estaba compuesto de gris, azul y añil. Con todo esto como escenario de fondo, el leopardo se sentó con su figura esbelta y su preciosa piel. Su mirada fría, imponente y sin pestañear nos puso la piel de gallina al hacer contacto visual con el animal.

Después de sacarle tres rollos de película, nos fuimos en contra de nuestros deseos. Casi de inmediato el conductor paró la camioneta y susurró con su acento africano: «Ah, allí hay otro leopardo. Tienen mucha suerte de tener este milagro.»

No fue nada de suerte. Habíamos orado para ver un leopardo. Al contemplar el segundo en el mismo día, me calmé y me sentí atrevida. Estaba muy cerca. ¡Se sentía tan cómodo en nuestra presencia! ¡Tan encantador! Quería salir y acariciarlo. Lo consideraba un amigo. Sabía que era salvaje, pero en ese instante parecía un animal doméstico.

¿Cuántas veces te has encontrado en una situación similar? Algo que parece tan inocente, tan seguro. No te das cuenta que lo que crees que es bueno tiene el potencial de destruir. La Palabra habla de esto en Proverbios 16:25 «Hay caminos que al hombre le parecen rectos, pero que acaban por ser caminos de muerte.» Puede ser la muerte o el fin de una relación, las finanzas, la salud o la vida misma.

Los depredadores existen. Eso no es problema siempre y cuando mantengamos la distancia. Sin embargo, cuando bajamos la guardia y nos sentimos confiadas, nos atraen, nos atrapan y nos devoran. Nos extrañamos de cómo algo tan hermoso y encantador pudo haber sido el mensajero de la muerte.

La vía de escape para las que siguen a Dios es mantener los ojos puestos en el Señor, temerle y reverenciarle. No te dejes engañar por lo parece ser una situación perfecta, de mucho colorido y de hermosas criaturas. El atractivo depredador puede estar al acecho, esperando tenerte de almuerzo.

«Nuestro amante y vigilante Padre, ayúdanos a mantenernos enfocadas en ti para que no nos alejen de ti lo que nos rompe el corazón y la vida. Amén.»

TALLAR EN LA MADERA

Marilyn Meberg

✘❤✘❤✘❤✘❤✘❤✘❤✘❤✘❤✘❤✘❤

Es un don de Dios que el hombre coma o beba,
y disfrute de todos sus afanes.

ECLESIASTÉS 3:13

Ya mencioné antes que vivir en el desierto es el paraíso. Eso es literalmente cierto por unos ocho o nueve meses al año. Ahora bien, de junio a agosto, e incluso septiembre, la palabra Hades viene a la mente. Las altas temperaturas son típicas en esos meses cuando una persona corre del aire acondicionado de su casa al aire acondicionado de su auto. Puesto que todo aquí necesita de aire acondicionado, no creo que nuestro hábitat de verano de «no puedo salir» no es menos problemático que el de los lugares en que se limita cualquier actividad externa por la escarcha, la nieve y las bajas temperaturas polares. Cada punto geográfico tiene sus compensaciones y sus desafíos.

Una de esas compensaciones de verano para mí, como amante del aire libre, es el teleférico de Palm Springs que sube cada veinte minutos a la cima de una de las montañas de San Jacinto. La estación de montaña está a más de ocho mil pies de altura; así que en cuanto salgo del teleférico empiezo a sentir la temperatura en los veinte o treinta grados centígrados. También siento ese incomparable olor a pino y el sonido de esos grandes árboles que permiten que la brisa sople por sus ramas. Esas brisas acarician mi arrugada cara y levantan mi débil espíritu.

Con mi silla de playa y libro en mano, diviso un lugar bajo uno de los muchos árboles hospitalarios y disfruto un día en el bosque. De nuevo estoy en el paraíso.

En agosto pasado, en un día particular de tipo Hades, convencí a mi amiga Pat para que fuera en el teleférico conmigo. No le gustaba mucho la idea porque la subida vertical por la ladera de la montaña en un teleférico suspendido en el vacío la atemorizaba un tanto. Aunque en un folleto del teleférico explicaba que el mismo colgaba de cuatro gruesos cables con mucha seguridad, aun así no quería probar a Dios en tener la inclinación de «cuidarla de no caer».

Ahora bien, una vez que llegó arriba con cuidado y se sentó bajo la protección de las copas de los pinos, Pat pudo comprender lo que quise decir con recuperar el paraíso. Leímos nuestros respectivos libros en silencio y en compañerismo por un rato, entonces Pat sacó de su bolso una navaja de esas que tiene de todo, brújula, tijeras, destornillador y todo tipo de cuchillas que el hombre pueda conocer. Y empezó con entusiasmo a pelar la corteza de las ramas que estaban caídas a nuestros pies. Este trabajito lo acompañó silbando una melodía desentonada que comenzó a amenazar mi estado paradisíaco. Echándole alguna que otra mirada, me di cuenta que estaba absorta como también en la delicia. Al graduarse ella de quitarle la corteza a las ramitas para pasar a otras ramas mayores, por fin le pregunté si tenía planes de construir una cabaña.

Después de optar por pasar por alto el leve sarcasmo de mi pregunta, dijo: «Marilyn, no he hecho esto desde que era una niña; ¡y me divierto tanto!»

Hasta el momento que Pat comenzó a silbar había estado leyendo el fantástico libro de Philip Yancey *Gracia Divina Versus Condena Humana*. Ahora bien, mi leve molestia junto a los sonidos de leñador que aumentaban dieron lugar a un poco de envidia al recordar en ese momento los pedacitos de madera que cortaba sin atino alguno con el cuchillo de mi padre, mientras esperábamos que las truchas picaran las carnadas de nuestras cañas de pescar.

Poniendo el libro de Yancey boca abajo donde estaban las agujas de pino caídas, le pregunté a Pat si quería descansar de sus labores. Si lo iba a hacer, estaría encantada de ayudarla a quitar el resto de la corteza de su última rama caída. Sonriendo al darse cuenta, me entregó la navaja. Eso fue suficiente para querer hacer lo mismo.

No sé con exactitud cómo describir lo que sentí de pura alegría al pelar esas ramas por treinta minutos, mientras Pat leía a Yancey. Fue algo nostálgico, pacífico y sorprendentemente espi-ritual. Tan raro como pueda sonar, pero sentí que Dios se reía conmigo. Al fin y al cabo, todo lo que experimentábamos en aquel cielo de frescura de pinos era un regalo suyo: el aire, los sonidos, la alegría e incluso el reflejo de nuestra niñez tuvo su principio en el plan divino de Dios.

Las Escrituras dicen que comer, beber e incluso trabajar son dones de Dios. La experiencia en aquel bosque fue un regalo maravillosamente bueno. Claro está que salí al día siguiente y me compré una navaja de esas. ¡Hasta incluso tiene una sierrita! Ahora sí estoy lista para mi próximo tallado de madera.

«Señor, estoy rodeada de muchos de tus regalos y estoy agradecida. Gracias por esos regalos que restauran mi alma y mi cuerpo. Gracias por tener esos regalos preparados para mí. Gracias porque brotan de la abundancia de tu amor de Padre. Amén.»

RETOÑO

Patsy Clairmont

✗♥✗♥✗♥✗♥✗♥✗♥✗♥✗♥✗♥✗♥✗♥

Es como el árbol plantado a la orilla de un río que,
cuando llega su tiempo, da fruto y sus hojas jamás
se marchitan. ¡Todo cuanto hace prospera!

SALMO 1:3

Me gustan los árboles. Pues sí. Me encantan de todo tipo: altos, pequeños, frondosos, hasta los pelados. A mí, claro está, me gustan los que dan frutas, flores y hojas de colores. También aprecio de los árboles su sombra y su forma. Incluso me gustan las cosas que caen de los árboles, excepto las nueces negras, que tienden a dar un efecto negativo en mis flores.

Los árboles sirven de refugio para los alpinistas, campistas, las casitas que se hacen en los mismos, las aves, las ardillas y las locas como yo. Encuentro que la mayoría de los árboles son hospitalarios. Es más, mi abuela tenía un árbol tan generoso que le daba tanta sombra que cubría toda la casa, manteniéndola cómoda en medio de los veranos calientes de Kentucky. Entre mis árboles favoritos están las palmeras. Se ven muy erguidas en la época que están frondosas. Eso no es fácil. Cuando mis frondosas greñas se vuelven indomables así también se pone mi talante.

La dura y bien formada corteza de la palmera atrae mi interés. Alguien (adivina quién) invirtió mucho tiempo en diseñar meticulosamente tanto detalle. Cuando no se cuidan, algunas palmeras se ponen sucias y las pencas se parecen al cereal de trigo suelto que desayuno por las mañanas.

Estoy enamorada también de los sauces llorones. Son muy poéticos. En días de viento se convierten en escobas que barren la tierra. En los días de verano sus ramas se inclinan hacia donde está el agua, bebiendo en su hábitat. En una tormenta se parecen a un científico excéntrico, loco de entusiasmo. Y en invierno toman una apariencia de melancolía, inclinándose de pena.

Sí, sí, me encantan los árboles. Los árboles han inspirado muchos poemas. Aun el herrero del pueblo no hubiera querido martillar el hierro hirviendo sin estar protegido con la corteza del árbol que da nueces. Y alguien ha dicho que nunca ha visto «un poema tan encantador como un árbol».

Tiene que haber estado contemplando esos pinos gigantescos. Esos que te hacen echarte a un lado de la carretera para verlos de cerca. Imagínate cuántos palillos de dientes saldrían de una de sus ramas. Yo parecía una hormiga al lado del tronco, y una hormiga desnutrida en ese caso. Estos gigantescos pinos hacen que la gente comente en susurros mientras los contemplan asombrada. Parece ser que esa era la idea original.

Cuando se me pidió que eligiera un versículo de la Palabra para mi vida, me fui a por los árboles. Elegí el Salmo 1:3 y el versículo compañero: Jeremías 17:8. El pasaje de Jeremías compara a un arbusto y un árbol. Claro está, el árbol gana. El árbol representa al justo mientras que el arbusto es una figura del que pone su confianza en el hombre en vez del Señor.

Me imagino que con mi estatura de cinco pies siempre me he sentido como un arbusto, y mi deseo ha sido crecer y estar bien arraigada como un árbol frutal. (El ser alta no lo es todo, también quiero ser productiva.)

Me llega muy de cerca tener árboles frutales que crezcan en mi patio cuando puedo ser la benefactora de las manzanas y las cerezas. Y lo mismo se traduce a mi vida espiritual. Por más que quiera hablar de mi fe a los demás, el fruto es más dulce cuando beneficia a quienes viven en mi propio patio.

¿Qué clase de árbol eres? ¿Estás plantada cerca de las aguas para evadir un desastre en caso de que una sequía aparezca? ¿Qué tipo de fruto produces? ¿Quién se beneficia de tu fruto?

«Señor, gracias por esas vistas de árboles que hacen que frenemos de pronto para contemplarlos. Nos ayuda a ir más despacio y admirar tu creatividad. Permite que nos propongamos crecer como robles de justicia. Haz que tengamos el gozo de ver a nuestros seres queridos beneficiarse de nuestra sombra y de nuestro fruto gracias a tu bondad. Amén.»

¿QUIÉN SOY?

Luci Swindoll

✗♥✗♥✗♥✗♥✗♥✗♥✗♥✗♥✗♥✗♥
—Yo soy el que soy —respondió Dios a Moisés.
Éxodo 3:14

✗♥✗♥✗♥✗♥✗♥✗♥✗♥✗♥✗♥✗♥
Pero por la gracia de Dios soy lo que soy.
1 Corintios 15:10

Jamás he tenido una crisis de identidad. Aun así, estoy aclarando constantemente quién soy. La conversación va más o menos así:

—Me encanta tu esposo. Lo escucho en su programa Insight for Living.

—Él es mi hermano.

—¿No es usted su esposa?

—No, soy su hermana.

Y entonces, con una desilusión y desencanto obvio, dice:

—Pero pensé que usted era su esposa.

—No.

—¿Entonces ustedes dos no están casados?

Por fin, simpatizando con la persona, me disculpo:

—Lo siento. No estoy casada con él.

—Pero, ¿por qué no? —me pregunta con una visible frustración—. Le dije a mis amistades que usted era su esposa.

¡Por favor! A menudo he pensado en ponerme un letrero que diga «No, no soy su esposa.» Lo quiero mucho, pero no estoy casada con él.

No solo paso este tipo de confusión con la relación entre mi hermano y yo, sino también está el asunto de esta voz mía. Siempre ha sido de un tono bajo. Mis hermanos siempre me fastidiaban diciéndome que yo era mi propio abuelo. Mi especialidad en la universidad fue la voz, era una contralto. En las corales siempre elegía la nota de armonía más baja. Pero aquí está lo más divertido: en las horas tempranas de la mañana, cuando pido que me traigan el desayuno a la habitación, siempre me responden: «Sí, señor. Enseguida, señor.» Tengo un juego con el teléfono. Lo miro directo y digo en voz alta: «No es un señor.»

No soy un señor, no «señor». No soy mi propio abuelo y seguro que no soy la esposa de Chuck. Entonces, ¿quién soy? Pues yo. Yo soy, yo misma. Ninguna otra. No soy un duplicado. No hay clonación. Luci Swindoll, esa soy yo.

El Salmo 100:3 dice: «Reconozcan que el SEÑOR es Dios; él nos hizo, y somos suyos.

Somos su pueblo, ovejas de su prado.» Eso lo resume todo para mí. Siempre lo ha hecho. Él me creó y soy quien él quiere que sea. Nada más y nada menos. Ninguna otra cosa. Lo mismo es cierto par ti.

El poeta E.E. Cummings escribió:

Ser tú y nadie más en un mundo que intenta, noche y día, convertirte en alguien más, significa pelear la batalla más difícil que el ser humano pueda librar y nunca cesar de luchar.

Guardo eso en mi libreta de direcciones para recordarme de ser quien soy, de ser quien Dios hizo que fuera. El escritor de Job dice que la mano de Dios nos formó a cada una de nosotras de una manera única. Nos formó de una manera exacta. El gran YO SOY nos hizo y nos formó. ¡Qué pensamiento tan bendito! No tengo que ser nadie más, sino yo. Y al andar con Cristo, él está en el proceso de hacerme más como él mismo. Dios nos creó en lo que somos y «nada es de desecharse» (1 Timoteo 4:4).

A veces es difícil ser lo que eres porque no te gusta quien eres. Acéptate como la maravillosa creación de Dios. Entonces serás libre para ser tú misma sin temor alguno. Me agrada oír a Sheila Walsh decir una otra vez: «Cuando alguien me pregunta quién soy, le contesto: Soy Sheila Walsh, la hija del Rey.» ¡Venga Sheila, venga!

He oído a Chuck decir repetidas veces: «Hermana, conócete a ti misma, sé tú misma, gústate a ti misma.» Palabras sabias.

¿Quién eres? La creación única de Dios. No hay nadie como tú. Nunca la ha habido, nunca la habrá. Solo tú puedes ser tú. Sé quien Dios te haya hecho que seas.

«Padre, queremos sentirnos cómodas con quienes somos. Obra en nosotras a fin de poder ser todo para lo que tú nos creaste. Perdónanos por rechazar tu creación. Amén.»

LA SIESTA

Thelma Wells

✗❤✗❤✗❤✗❤✗❤✗❤✗❤✗❤✗❤✗❤✗❤
¡Sé fuerte y valiente, y pon manos a la obra! No tengas
miedo ni te desanimes, porque Dios el Señor, mi Dios,
estará contigo. No te dejará ni te abandonará.

1 Crónicas 28:20

No sé si es que me estoy poniendo vieja u olvidadiza o simplemente estoy perdiendo el control. Tengo evidencia que es posible que sean ambos. Hace poco en dos ocasiones olvidé ir a dos actividades que me propuse asistir de corazón.

Un par de chicas jóvenes bonitas, inteligentes que se criaron en la iglesia que asisto decidieron alcanzar sus metas educativas y lograrlas. Me invitaron a la muy merecida graduación y a la recepción donde va todo el mundo. ¡Estaba lista para ir!

Ese sábado en particular hice todas las diligencias de rutina y saqué la ropa para ir a la graduación. Entonces decidí echarme una siesta de quince minutos. Tengo la reputación en mi casa de ser una de las personas que se duerme más rápido del mundo. Dormir por quince minutos me rejuvenece. Así que me eché para tomar una siesta rápida. La pequeña siesta se convirtió en ocho horas de dormir.

No podía creerlo. Era obvio que me había perdido la graduación y la recepción. ¡Me sentí muy mal! ¿Cómo podía explicarle a Geri, a Ruby y a Earl que me había quedado dormida?

Ahora entiendo mejor cómo Pedro, Santiago y Juan se sintieron cuando Jesús les pidió que velaran con él una hora y los encontró durmiendo. Es posible que también se les cayera la cara de vergüenza. No digamos de sus pulsaciones, que aumentaban y de sus ojos que se les aguaban.

Su vergüenza era quizá tan visible como las arrugas de la ropa con la que durmieron.

Como yo, los discípulos tal vez se hicieron una lista mental de las cosas que pudieron haber hecho para evadir el fallo de estar en uno de los momentos más importantes de la vida de su amigo. Pensé que mi incidente hubiera terminado de una manera diferente si hubiera tomado asiento y dormitado; si hubiera peleado con el sueño y me hubiera mantenido despierta; si le hubiera dicho a alguien que me despertara a cierta hora.

Ya era muy tarde para todos esos «si». El daño ya estaba hecho. Desilusioné a mis amigos y a mí misma.

Entonces, no podía creerlo, algo similar ocurrió durante las fiestas de Navidad. Christi, de las clínicas New Life, me pidió que fuera la invitada de sorpresa para la cena anual de Navidad de los empleados. Acepté, pero no lo apunté.

El día de la cena, estaba empaquetando las cosas de mi oficina porque me mudaba a otra. Sin cesar sentía como si algo me dijera: «Deberías estar haciendo otra cosa.» Sin embargo, no podía saber qué era en medio de todas las cajas de mudanza de Dallas.

El día de Navidad alguien me preguntó cómo fui a la visita de sorpresa en New Life. ¡Ay, no! Está bien, me sentí «ida». Eso me dolió mucho. Es más, cada vez que pienso en eso, se me revuelve el estómago, me palpita más rápido el corazón, se me va la cabeza y el cuerpo se siente fatigado. Todavía me quiero pellizcar.

¿Has estado en una situación similar? ¿Encaraste la situación (sonrojarte y todo lo demás) y asumiste la responsabilidad? ¿O pasaste por alto el asunto e hiciste como si nada hubiera ocurrido?

En cada ocasión me he obligado a encarar lo que he hecho. Decir la verdad me limpia la conciencia y muestro sinceridad. Parece que todos a los que he fallado lo entienden.

¿No sería algo horrible si Jesús se durmiera en alguno de los momentos cruciales de nuestra vida? Le llamaríamos, pero no podría oír la llamada porque trataba de descansar. ¿No sería alarmante pensar que a él se le pudieran olvidar nuestras peticiones? ¿No sería trágico que no pudiera recordar lo que hablamos con él?

¡Gracias a Dios que no tenemos que soportar ese tipo de trato de nuestro Señor! El Salmo 121:4 dice: «Jamás duerme ni se adormece el que cuida de Israel.» Consuela saber que Dios no solamente no se duerme, sino que tampoco le entra sueño. Podemos depender de él para recibir ayuda en cada necesidad las veinticuatro horas al día, los siete días a la semana. Eso nos da paz.

Isaías 49:15 hace una pregunta importante en cuanto a la dejadez: «¿Puede una madre olvidar a su niño de pecho, y dejar de amar al hijo que ha dado a luz? Aun cuando ella lo olvidara, ¡yo no te olvidaré!» ¡Aleluya, nunca nos olvidan! Aunque nuestra madre no se acuerde de nosotros, podemos depender de Dios.

Es una píldora amarga pensar que hemos defraudado a otros. Defraudar a nuestros seres queridos. Molestamos a los que queremos. Sin embargo, qué hermoso, qué maravilloso, qué consuelo saber que tenemos un Dios que siempre está cerca para consolarnos y animarnos cuando más lo necesitamos.

«Dios de gracia, te agradecemos que podamos depender en ti sabiendo que estás al alcance en cada minuto del día. Gracias porque hay algunas cosas que no puedes hacer, como dormir u olvidar. Gracias porque cuando defraudamos sin querer a nuestras amistades y seres queridos, les das a ellos un espíritu perdonador. Amén.»

EN LAS ALTURAS

Patsy Clairmont

✘❤✘❤✘❤✘❤✘❤✘❤✘❤✘❤✘❤✘❤✘❤
A las montañas levanto mis ojos.

SALMO 121:1

*C*uando entré al hotel quedé anonadada al ver los ascensores de cristal que subían hasta el último piso por las enormes y visibles columnas situadas en la recepción. Más rápidos que una bala, estos módulos se disparaban cuarenta y siete pisos arriba. ¡Cuarenta y siete! ¿Me oíste bien?, ¡Cuarenta y siete! Estoy segura que Jesús vive en el piso cuarenta y ocho o una partida de ángeles, por lo menos. Estamos hablando de los lugares celestiales.

Nuestra habitación estaba en el decimonoveno piso, a mitad del camino al paraíso. Entré a la burbuja de cristal y fue como una catapulta, en un instante estaba en el piso diecinueve. Bueno, por el piso me sentía cuando salí del ascensor, me temblaban las piernas y así llegué hasta la puerta de la habitación 1919.

Más tarde, mi hijo Jason y su esposa Danya me invitaron a ver desde la baranda hacia abajo donde estaba en la recepción. Ay, no. Mal paso. Sentí un mareo poco normal (sería porque al aceptar tal atrevimiento mi cerebro se despidió de mí).

Jason y Danya parecían estar impresionados por la vista de las personas en miniatura, abajo en el valle. Juventud adorada, ¿adónde se iría volando la mía? (Tal vez voló en las alturas con mi cerebro en el piso cuarenta y ocho.)

Hubo un momento en mi estadía que tuve que viajar al piso cuarenta para ir a una reunión. Estoy segura que de camino arriba pasamos algunas capas de cúmulos. Al llegar nos sirvieron aperitivos, pero preferí oxígeno. Me di cuenta que la música de fondo que oía era en realidad mis oídos que sonaban al ritmo tratando de graduar la presión.

Para mí la altura es presión. No sé si es por eso que Dios me diseñó con una estatura tan limitada (cinco pies). Sabía que no soportaría la altura. Tan sensible como soy a la altura, me temo que si fuera muy alta me sangraría la nariz constantemente.

Les y yo pasamos una vez parte del invierno en el desierto, en California. Nos quedamos en una llanura rodeada de montañas. La llanura es más segura que estar al borde de un precipicio y tropezar. Ya saben a lo que me refiero.

Mi gozo también se incrementa cuando sigo el ejemplo del salmista. «A las montañas levanto mis ojos.» Nótese que no dice: «Alzo mi cuerpo para que escale los montes.»

Claro está, la Biblia recuenta las veces que el Señor pidió a su pueblo que subiera a alturas peligrosas. Como Moisés, cuando tuvo que subir solo al monte Sinaí. He pensado lo difícil que le fue dejar a su hermano Aarón al pie de la montaña.

Creo que cuantos más participemos, menos miedo hay, y cuantos más seamos, más divertido. Subir conmigo a cualquier altura es como llevar tu propio torniquete. Mis manos te apretarán cada vez más los brazos a medida que vayamos subiendo.

En realidad, pensándolo bien, hay muchos pasos peligrosos que tomamos aquí abajo que nos ayudan a llegar a nuevas alturas. ¡Humm! ¿Recuerdas cuando Zaqueo se bajó de su pompa y respondió al llamado del Señor? Fue ahí cuando empezó a crecer. Caramba, esto suena como subirse a los caballitos (tampoco me subo a esos).

He aprendido que la altivez causa bajones, ya que se nos advierte a no tenérnoslo muy creído, o sea, que no pensemos de nosotros más de lo que debemos pensar. (¡Cuidado, otro bache!) Como aquella vez que creía que me veía my bien, solo para darme cuenta que tenía las medias enganchadas en el tacón del zapato y las arrastraba por toda la calle. No era una escena muy bonita.

A decir verdad, cuando usamos artículos fuera del propósito para el que se crearon, nos encontramos con problemas. Las medias de mujer se usan mejor como prenda de vestir interna y no para que el público las vean cuando se arrastran.

¿Recuerdas en Génesis cuando José modeló la túnica de colores ante sus hermanos? Ellos, de vuelta, le quitaron la colorida túnica y lo vendieron como esclavo. Así son las apariencias (¡baches!). Nos tiende trampas. José estuvo muchos años detrás de las rejas por ver las estrellas, o sea, ser el más brillante de todos. Pensar más de uno de lo que se debe pensar significa que un bajón está a punto de suceder. Me imagino que Dios sabía que si José tenía que crecer, tenía que someter su necesidad de ser el centro de atención. Y aquí tenemos esta impresionante verdad: José creció y pudo enfrentar sus altibajos. Llegó a ser un ejemplo para muchos así como su posición social se parecía bastante a un ascensor.

Los ascensores en el hotel donde me hospedé eran la atracción principal al entrar a la recepción. Estos rígidos módulos de cristal tenían luces por fuera y los hacía muy interesantes al contemplarlos bajando y subiendo. La gente se sentaba y estudiaba cómo estas burbujas gigantes salían volando hacia arriba sin esfuerzo, desde el primero hasta el último piso.

Esto me lleva a pensar. ¿Quién es la atracción central en nuestras vidas? ¿El Señor? ¿Nuestra necesidad de ocupar el escenario? ¿Estamos dispuestas, ya sea a subir o a bajar, a ser ejemplos que brillen? Y por último, ¿va nuestro ascensor hasta el último piso?

«Señor, que tú seas levantado bien alto en nuestras vidas. Amén.»

KILÓMETROS DE SONRISAS

Las delicias de viajar con buena compañía

✗❤✗❤✗❤✗❤✗❤✗❤✗❤✗❤✗❤✗❤✗❤

BORRACHA SIN TOMAR LICOR

Bárbara Johnson

✖❤✖❤✖❤✖❤✖❤✖❤✖❤✖❤✖❤
Queridos hermanos, ya que Dios nos ha
amado así, también nosotros debemos
amarnos los unos a los otros.

1 JUAN 4:11

Hace poco, cuando me preparaba para ser sometida a una cirugía menor, el doctor me advirtió que la anestesia podría provocarme una conducta inusual aun después de varias horas de realizada la operación. Por un momento me pregunté si alguien que me conociera se daría cuenta de que algo extraño me ocurría. Entonces recordé que ese alguien podría ser mi esposo, Bill, quien es muy observador y se da cuenta de cualquier cambio.

El doctor recomendó que después de salir del hospital, no debía conducir, firmar contratos, ni tomar alguna decisión de carácter irrevocable porque durante las próximas veinticuatro horas, después de la cirugía, sería considerada legalmente ebria. Jamás en mi vida había bebido licor y no tenía la más mínima idea de lo que podía esperar. Solo piensa, me dije, ¡vas a emborracharte sin tomar licor!

La sola idea me abrumó tanto que empecé a imaginar que realmente estaba borracha mucho antes de empezar la cirugía. Cuando llegué a la sala de admisión del hospital, la recepcionista dejó caer una pila de documentos frente a mí y me dijo: «Llénelos, marque lo que le concierne y después firme aquí, aquí y aquí. Ah, y asegúrese de presionar con la pluma lo suficientemente fuerte porque esta es un modelo por triplicado.»

Debido a mi imaginaria borrachera, tuve un poco de dificultad en seguir la «andanada» de instrucciones, pero finalmente llené los requisitos. Poco después se abrió la puerta; una enfermera me llamó y me condujo a una habitación. En cuanto me ubicó en la cama, otras tres enfermeras se deslizaron por entre las cortinas y una de ellas dijo en voz baja, pero vivamente emocionada: «Señora Johnson, nos sentimos muy felices de tenerla aquí. Cuando vimos su nombre en la lista de admisión, y comprobamos que era usted, nos propusimos venir a visitarla. Todas hemos leído sus libros y tenemos uno aquí para que nos dé su autógrafo.»

Por un momento quise resistirme, escudándome en mi imaginaria borrachera, pero ella era enfermera y sabía muy bien que aún no me habían puesto la anestesia. De modo que firmé el libro y me quedé observándolas para ver qué ocurriría después.

Ellas rodearon mi cama, en sus rostros resplandecía una sonrisa amigable. De repente, mi pequeña habitación adquirió una atmósfera de fiesta. Me pregunté si era porque estaba borracha... pero entonces recordé que todavía no me habían anestesiado.

«Barbarita», dijo una de las enfermeras, «¿podemos orar por usted antes de que la operen?» Con entusiasmo las cuatro unieron sus manos y las que estaban más cerca de mí tomaron las mías y elevaron la oración más dulce que jamás había escuchado. (Por supuesto, pensaba que estaba ebria y, por lo tanto, ¡todo parecía sonar maravilloso!)

Escuché que al otro lado de la cortina un hombre carraspeaba. «¡Ah, doctor Brown!», dijo una de las enfermeras saliendo a su encuentro, «estamos haciendo una breve oración por Barbarita. ¿Tendría algún inconveniente en esperar un momento?»

Era evidente que estuvo de acuerdo porque la enfermera volvió y continuaron orando.

Al terminar la oración, el anestesiólogo se paró frente a mi cama dándome una palmadita en el brazo. Él también oró, pidiéndole a Dios que estuviera con nosotros en la sala de operaciones. En condiciones ordinarias, me habría sentido un poco aprensiva al saber que había llegado el momento de la cirugía. Sin embargo, él tomó mi mano y en medio de mi imaginaria borrachera, y después de escuchar la oración de las enfermeras tan sincera y devota, le dirigí una deslumbrante sonrisa antes que las luces se apagaran...

Para ser sincera, nunca me sentí «borracha» durante las veinticuatro horas posteriores a la cirugía, pero sí puedo decir que me sentí sumamente alegre. Mantengo el recuerdo de aquellas solícitas enfermeras, de la manera que me rodearon con su amor y sostuvieron mis manos en las suyas... y entonces, me empujaron hasta el cielo con las oraciones que resonaban en mi mente y que llenó de paz mi corazón. El gozo que produjo ese recuerdo borró cualquier incomodidad que la cirugía pudiera haber causado.

Esa noche, me sentí muy bien e incluso un poco traviesa. Sabiendo que el doctor le advirtió a Bill sobre la posibilidad de mis posibles complicaciones, puedo decirles que sin cesar me vigilaba por el rabillo del ojo. Por un instante, estuve tentada a ponerme la pantalla de la lámpara en la cabeza y danzar libremente en el pasillo para entonces llamar a un agente de bienes raíces y vender la casa. Sin embargo, con solo imaginar el susto que esto le causaría a Bill fue suficiente.

«Amado Padre, estamos muy agradecidos contigo por enviar a tus representantes a nuestras vidas para que sostengan nuestras manos y oren por nosotros cuando el temor amenaza nuestra paz. ¡Tu amor es embriagante, Señor! Nos sana, nos sustenta y llena nuestra vida de gozo. ¡Gracias por todo! Amén.»

DOS SON MEJOR QUE UNO

Luci Swindoll

✘❤✘❤✘❤✘❤✘❤✘❤✘❤✘❤✘❤✘❤✘❤

Más valen dos que uno, porque obtienen más fruto de
su esfuerzo. Si caen, el uno levanta al otro.
¡Ay del que cae y no tiene quien lo levante!

ECLESIASTÉS 4:9-10

Algunas veces pienso que soy la Llanera Solitaria. Soy el vivo retrato de la soledad e independencia y puedo pasarla muy bien durante varios días sin necesidad de compañía.

Sin embargo, este no siempre es el caso. Algunas veces siento el deseo de relacionarme. Quiero estar rodeada por mi círculo de amistades. Ser solitario no significa eliminar esta necesidad. Eso es lo que me ocurrió el verano pasado cuando empecé a pensar que era la Llanera Solitaria.

Me encontraba en Irlanda con una amiga y el día que teníamos programado viajar a Escocia me levanté sintiéndome enferma, temblorosa y con náuseas. Mi amiga me sugirió que cambiáramos el vuelo, pero le insistí en que me sentiría bien. Intenté levantarme y caminar para vestirme, preparar mi equipaje y salir hacia el aeropuerto con rumbo a nuestro próximo destino. Estaba segura que no necesitaba ayuda, era la Llanera Solitaria y después de todo... Sin embargo, ¡tuve que volver a la cama!

Al despertar del letargo causado por la fiebre, mi compañera de viaje había recogido todas mis cosas, hecho mis valijas y tenía todo dispuesto para que pudiéramos salir. Me preguntó una vez más si quería demorar nuestra partida. De inmediato le respondí que no e insistí que pronto estaría bien. Al minuto de haber subido al taxi, caí de nuevo en un profundo letargo.

Al llegar al aeropuerto escuché de nuevo: «¿Quieres salir un poco más tarde?», y de nuevo insistí que me sentiría mejor. Mientras me senté a descansar en una silla de ruedas, ya dentro del aeropuerto, ella se puso en la fila de los pasajeros, entregó nuestras valijas y recogió nuestros pasajes. De nuevo me quedé dormida en la silla.

Esta situación se repitió durante todo el día, yo insistiendo en que podía valerme por mí misma y al final ella hacía el trabajo de las dos. Me quedaba dormida en cualquier lugar que me sentara.

Por fin, llegamos al hotel en Escocia y mientras yo literalmente me arrastré hasta la cama, mi compañera se aseguró que llevaran todas nuestras pertenencias a la habitación, buscó una farmacia y compró medicina.

No fue sino hasta el día siguiente que me di cuenta que estaba en ese lugar. Había tenido a alguien que se ocupó de mí en los momentos de necesidad... alguien que con gozo hizo las cosas por mí sin que me diera cuenta de sus actos de bondad y arduo trabajo. Esa es la vida, ¿no es así? Nos necesitamos unos a otros. La Escritura dice que «más valen dos que uno». Tenemos la capacidad de amarnos, orar, cuidarnos, aceptarnos, perdonarnos, servir, animarnos y de edificarnos unos a otros.

Aprecio todas estas virtudes en mis compañeras de las conferencias Joyful Journey (JJ) [Viajes de Gozo]. Viajamos por toda la nación ocupándonos unas por las otras. Nos servimos mutuamente con gozo, de corazón. Cuando el ánimo de una decae, las demás la reanimamos. Cuando una celebra, todas nos gozamos. Somos un equipo. Jamás pensamos que podría existir un vínculo tan estrecho, pero en nosotras es una realidad.

Nos necesitamos unas a otras, no importa cuánto insistamos en que no. Nadie es una isla, ni una entidad en sí misma, ni una Llanera Solitaria. Participamos de eso que llamamos comunidad, y parte del gozo de vivir en comunidad es compartir las cargas, las confusiones, la soledad y el temor.

Mira a tu alrededor, amiga mía. ¿Quién está para ti? ¿Para quién estás tú? Observa con cuidado. Aun las que insisten que pueden hacerlo todo por ellas mismas, pueden estar esperando para que acudas en su ayuda. Debes estar allí y dispuesta a socorrer. Aun la Llanera Solitaria tuvo una compañera.

«*Padre, gracias porque no estamos solas. Tú estás con nosotras siempre. Tú nos das el regalo de la amistad. No permitas que perdamos el gozo de esta gran bendición. Amén.*»

COMPINCHES DE VIAJE

Patsy Clairmont

✖♥✖♥✖♥✖♥✖♥✖♥✖♥✖♥✖♥✖♥✖♥✖♥

En todo tiempo ama el amigo; para ayudar en
la adversidad nació el hermano.

PROVERBIOS 17.17

*E*scoger las compañeras que se montan en tu vehículo puede resultar muy divertido. Recuerdo la clase de gimnasia cuando cursaba
el bachillerato que me seleccionaron para ser miembro del equipo.
Me sentí dichosa porque me eligieron en la primera selección y no
como una emergencia de última hora. A menudo, era la última que
escogían en el equipo de mi vecindario y esto se debía a que en su
mayoría lo integraban muchachos... y ellos no querían tener una
«chica anticuada» en el equipo.

Sin embargo, en la actualidad, esta «chica anticuada» disfruta mi-
llas de sonrisas con el JJ.

Sin pensarlo dos veces, escogería a Thelma, Luci, Marilyn, Sheila
y Bárbara. Estas damas batean jonrones repetidamente. Les explicaré
cómo.

Thelma es una mujer que testifica con sinceridad la Palabra. Me
encanta observarla cuando profundiza en las Escrituras. Puedo decirles con certeza que, cuando lee algo, toca las fibras más profundas
de su ser. Musita: «Sí, Señor, sí. Gracias, Jesús.» A menudo, Thelma
se sitúa entre bastidores con la Biblia abierta preparándose para mi-
nistrar. Gracias amiga por ser un ejemplo de alguien que está afe-
rrada a la Palabra. Y puesto que has estudiado el mapa, te escojo para
señalar la ruta en nuestro viaje.

Quiero seleccionar como guía turística a mi graciosa compañera
Luci. Parece saber dónde detenerse y lo que se debe hacer en tiempos tumultuosos. Luci puede guiarnos tanto en conversaciones interesantes, como con sus ocurrentes y provocativas preguntas. Suele per-
suadirme a pensar con más profundidad y explorar con más amplitud.
Luci me ha ayudado a captar el panorama completo a lo largo de
mi viaje.

Ahora le toca a Marilyn. Nuestra delegada en la comisión de
entretenimiento. Su gozo tan contagioso, su natural inclinación a
la diversión y su optimismo al ver la vida la califican para esta tarea.
Marilyn hace amigos más rápido que cualquier persona de las que

conozco. De inmediato acapara a la gente con sonrisas y una cálida acogida, y a nosotras nos mantiene ahogadas de la risa con su buen sentido del humor, o nos pone a pensar con sus razonamientos tan agudos.

Pongo a Sheila a cargo de la música en el viaje, no solamente porque tiene una voz privilegiada, sino por su corazón tan amoroso y lleno de la luz de Dios. La determinación de Sheila por ser auténtica es en verdad admirable y ejemplar. Su mente tan brillante, sus chispazos de humor y su genuina devoción provocan en mi corazón el deseo de cantar «Cuán grande es Él». La sinceridad de Sheila ilumina mi camino.

Bárbara ansía ser servicial así que, si se lo imaginan, es nuestra conductora. (Las chicas no me dejan conducir porque los pies no me llegan a los pedales.) Bárbara es la persona más experimentada en el equipo. Tiene la habilidad de eludir baches y casi siempre se detiene para gozarse. Su trayecto no ha sido fácil, pero su fe la ha mantenido en el rumbo adecuado. Es la viajera madura que me ha enseñado cómo viajar sonriendo en la peregrinación de mi vida.

En el equipo sugerido para nuestro viaje podría sentarme en la joroba de la parte del asiento trasero o en el maletero. Escogí ese lugar, entre Sheila y Marilyn: ellas suelen alborotarse cuando están juntas y si pasan así por mucho tiempo me cambio hacia delante.

¿Quiénes son tus compañeras de viaje? ¿Te motivan a reír en el camino? ¿Te ayudan a esquivar baches innecesarios? ¿Añaden placer a tu viaje?

¡Chicas de los Viajes de Gozo, suban al auto! Cuidado mundo, seis escandalosas mujeres van de viaje por la carretera de la vida en una misión de gozo.

«Señor, te pedimos sabiduría para escoger a nuestro equipo. Que al elegir a nuestras compañeras de viaje estas sean saludables, divertidas, serviciales y sinceras. Y recuérdanos, Señor, que con regularidad le demos vía libre al gozo. Amén.»

DONDEQUIERA QUE ESTOY

Marilyn Meberg

✗❤✗❤✗❤✗❤✗❤✗❤✗❤✗❤✗❤✗❤
Quiero que lo sepan para que cobren ánimo,
permanezcan unidos por amor.

COLOSENSES 2.2

Amo la palabra comunión. Sugiere una cena cálida y amena, gratas caminatas en la playa, o sentarse con alguien muy particular frente a una humeante tasa de té y compartir de corazón a corazón.

La palabra griega koinonía se usa en la Escritura para nuestra palabra comunión y se define como «tener en común». El Diccionario Bíblico Internacional define comunión como «el amor celestial que llena los corazones de los creyentes, de unos hacia otros y hacia Dios. Esta comunión es profunda y mucho más satisfactoria que cualquier simple amor humano ya sea social, paternal, conyugal u otro». Me encanta esta definición y, por supuesto, cuando digo esto lo que en verdad amo es la experiencia de comunión.

Fui testigo de la falta de comunión entre los viajeros en un crucero por América del Sur que tomé durante la Navidad pasada. En el barco había mil doscientas personas, supongo que muchas de ellas huían del trajín de los días festivos. Sin embargo, este ajetreo nos acompaña aunque estemos en el Estrecho de Magallanes. Noté algunas veces una conmovedora tristeza enmarcada en los rostros de varios de mis compañeros de viaje. Muchos parecían renuentes a socializar y cuando lo hacían, carecían de entusiasmo.

Sin embargo, no ocurrió así con mis tres amigas de viaje. Hace más de veinte años que nos conocemos y amamos, y juntas hemos experimentado diariamente el «amor que llena los corazones de los creyentes, unos hacia otros, y hacia Dios». Especialmente enriquecedora fue la comunión del día de Navidad.

Puesto que esta fue la primera Navidad que no pasaba con mis hijos, ya adultos, me imaginaba que me sentiría nostálgica todo el día, hablando conmigo misma acerca del valor de «dejarlos ir» y todos esos disparates.

En lugar de eso, las cuatro nos reunimos en la habitación de Luci, donde ella había colocado un arbolito de Navidad hecho con un juego de cubos de niños y decorado con juguetes diminutos que pegó a los cubos. Escuchamos música navideña en el equipo portátil para disco compacto que Mary llevaba en su equipaje, leímos las Escrituras y oramos juntas. Después intercambiamos regalos.

Sin embargo, la última experiencia de comunión cristiana la tuvimos el día después que desembarcamos y nos hospedamos en Buenos Aires. Como Orville, el hermano de Luci, fue pastor por muchos años en Buenos Aires, nos invitaron para asistir a la iglesia que él plantó, regó y cosechó. Aunque Orville vive en Miami, hizo los arreglos para que el domingo por la mañana nos llevaran a las cuatro al culto.

Antes de entrar al templo, los sonidos espirituales de cantos y aplausos nos salieron al encuentro, nos abrazaron y literalmente nos impulsaron hacia dentro. Nos rodearon los rostros radiantes y sonrientes de los latinos que cantaban alabanzas a Dios en una entrega total. Por varios minutos lo único que pude hacer fue llorar.

No solamente sentí la poderosa presencia del Espíritu Santo en aquel lugar, sino que me di cuenta de lo rejuvenecida que me sentía al rodearme el calor de aquellos creyentes. Después de estar dos semanas en un barco donde la mayoría de los pasajeros no tenían ninguna inclinación espiritual, fue muy grato rebosar en la unidad con estos queridos cristianos que nos abrazaron y besaron con genuino afecto. Aquel maravilloso domingo permanecerá indeleble en mi memoria, sobre todo cuando reflexiono sobre la comunión que no puede impedirla barreras de lenguaje ni cultura.

Estoy convencida que dondequiera que esté: en un barco en América del Sur, en una iglesia en Buenos Aires o en mi ciudad de Palm Desert, la comunión cristiana es un imperativo para mi corazón. Nada puede reemplazarla.

¿Qué acerca de ti? ¿Anhelas la comunión que excede a todas los demás? Acércate a la cristiana más próxima y relaciónate. Invierte tiempo con otros creyentes regocijándote de lo que tienen en Jesús. Canten alabanzas, rían juntas. Oren unas por otras. Abrácense. Celebren la bendición de estar unidas unas a otras en el amor de Cristo.

«Gracias Padre, por la divina afinidad que infundes y que hace que la comunión cristiana sea tan plena. Gracias por la presencia de tu Espíritu que habita en nosotros y une nuestros corazones. Permite que podamos alcanzarnos, recibirnos, amarnos y apoyarnos unas a otras. Gracias por la dulce experiencia de la comunión que se afianza en el sólido fundamento de lo que tú eres. Amén.»

¿QUÉ TE MUEVE?

Sheila Walsh

✗♥✗♥✗♥✗♥✗♥✗♥✗♥✗♥✗♥✗♥✗♥
Los gobernantes, al ver la osadía con que hablaban
Pedro y Juan, y al darse cuenta de que eran gente sin
estudios ni preparación, quedaron asombrados y
reconocieron que habían estado con Jesús.

HECHOS 4.13

«No sabía que tenía eso dentro de mí», me dijo una amiga cuando ambas nos desplomamos en los asientos del autobús. «Hace mucho que no hacía un viaje tan difícil. ¡Me imagino que todavía hay vida aquí adentro!» Ambas reímos al respirar casi sin aliento.

¿Te has preguntado qué te mueve? No me refiero a la capacidad de correr dos kilómetros en menos de cuatro horas, sino a lo básico, a la esencia de la vida. Materia prima como el valor... y el temor.

Esos atributos casi nunca andan juntos. Parecería imposible experimentarlos al mismo tiempo. Sin embargo, pienso que ese es el desafío de la vida cristiana. El temor nos dice que la vida es imprevisible, cualquier cosa puede ocurrir, pero la fe responde con serenidad: «Sí, pero Dios tiene el dominio.»

Si nos detuviéramos a reflexionar por un momento en nuestras aceleradas vidas, nos daríamos cuenta que esta vida no es un ensayo, sino la oportunidad para decidir en qué dirección vivir.

Quiero disfrutar una vida entusiasta. Quiero tener una vida que reconozca los temores... pero que los supere con valor. Quiero mostrar al mundo el eterno misterio de lo que Dios puede hacer con un pecador que se entregó a él. ¿Por qué desear algo menos? Sin duda, he tenido una vida de valor modelada para mí por varias personas en mi vida.

Durante una conferencia de Fe para Mujeres, Luci Swindoll me pidió que pasara por su habitación porque me tenía un regalo. Conociendo cómo es Luci, podría ser cualquier cosa: una pelota, un perrito... ¡o dos huérfanos de Kenia! Sin embargo, en esta ocasión fue un libro de poemas y una poesía en particular.

«Siéntate», me dijo. «Quiero leerte este poema si es que puedo contener el llanto.» El poema, escrito por Edna St. Vincent Millay, se titula «Valor». Les diré una estrofa.

El valor que tenía mi madre
se fue con ella y quedó con ella...
Ah, ¡si me hubiera dejado
lo que se llevó a la tumba!:
Su valor como una roca, el cual
no necesitará más, pero yo sí.

Luci y yo nos sentamos por unos momentos con lágrimas que rodaban por nuestras mejillas, mientras que en silencio dábamos gracias a Dios por nuestras madres. La madre de Luci que ya partió con el Señor, y la mía que aún vive.

He visto el valor y el temor mezclados en mis amistades, en mujeres de fe también. Bárbara Johnson es un testimonio vivo de Cristo y del valor. La han golpeado más tristezas que las experimentadas por las de un cuarto lleno de mujeres. Ahora su frente esta en alto y su mirada ha sido restaurada. Renovada en Jesús.

Cada mujer que viene a nuestras conferencias desearía que Luci fuera su hermana, su compañera. Ama la vida. No juega a lo seguro. Se empapa en la gracia y misericordia de Dios porque corre riesgos, ama pródigamente y sabe dónde encontrar lo que en verdad vale la pena.

Marilyn Meberg es el vivo ejemplo de lo que significa morir a uno mismo cada día. Nos da un retrato de su corazón. Todas podemos verlo. Es un corazón con una cremallera abierta por el centro, y ella escoge, escoge y escoge vivir en el centro que ama más a Dios de lo que se ama ella misma.

Patsy Clairmont nos hace reír hasta que nos duele el estómago, y dentro de ese palacio de gozo nos obsequia a cada una verdades que son como gemas. Nos dice que, cuando parezca que nuestro camino toma un rumbo equivocado, debiéramos dar una segunda mirada. Esa diversión es un regalo de gracia.

Thelma Wells es sincera, vulnerable, valerosa, afectuosa, llena de esperanza y gozo. Su vida nos dice por qué necesitamos vivir una combinación de temor y valor. «La vida es penosa, pero Dios es fiel.»

Es un privilegio viajar con mujeres como estas. Pero te diré un secreto: ¡Tú eres como ellas! Todas las virtudes que tienen mis queridas amigas también están en ti. Todo lo que tienes que hacer es alzar tu alma y determinar que en Cristo serás una mujer de valor, de convicción, en control del temor, una mujer de fe. Mira dentro de ti. Todo está allí... en Cristo.

«Gracias Padre, por todo lo que me has dado en Cristo. Decido ser una mujer de convicción y de valor, de fe y esperanza, una mujer que ama la vida, en el nombre de Jesús. Amén.»

SIGAN CON LOS REMIENDOS

Luci Swindoll

✗❤✗❤✗❤✗❤✗❤✗❤✗❤✗❤✗❤✗❤✗❤
Hermanos, les pedimos que sean considerados con los
que trabajan arduamente entre ustedes, y los guían y
amonestan en el Señor. Ténganlos en alta estima, y
ámenlos por el trabajo que hacen.
Vivan en paz unos con otros.

1 Tesalonicenses 5.12-13

Hace siete años leí un artículo en el diario *Los Angeles Times* y aún lo guardo de recuerdo. Es acerca de un estudiante que se graduó en la universidad Whitworth y que anónimamente obsequió a diecisiete catedráticos vacaciones, regalos y algunas otras cosas más como muestra de aprecio y gratitud por la educación que cambió su vida. Uno de los profesores, al regresar del viaje de Hawai, dijo: «Estoy buscando maneras para expresar mi generosidad.» La idea tuvo efectos de rebote.

Anoche terminé de leer un libro, *Martes con Morrie*, escrito como tributo a un maestro. El autor habla de las lecciones que cambiaron su vida y que aprendió con su viejo profesor de la universidad de Brandeis, Morrie Schwartz, cuando éste estaba en su lecho de muerte. Cada martes durante catorce semanas, el en ese entonces estudiante Mitch Albom, visitó la casa de Morrie donde discutieron sobre el mundo, la familia, las emociones, el dinero, el temor a la vejez y el perdón. Cada martes Mitch aprendió palabras llenas de sabiduría, ánimo y amor, impartidas por un hombre viejo a su amigo joven.

Esto me hizo recordar a mi profesora favorita, Florense Bergendahl, o Bergie, como la llamábamos. ¡Qué personalidad! Era alta, de presencia real, postura perfecta, andar resuelto y voz resonante. Vociferaba frases explosivas y cortas homilías: «Enderécense... nunca bajen la mirada... un buen solista levanta y baja el negocio. Recuerden, su voz es usted, así que hable en voz alta... cante fuerte... déjenos escucharla detrás de esa caja de sonido.»

Los sábados por la tarde, Bergie ponía a todo volumen la estación de la Ópera Metropolitana mientras ponía pelotas de golf en el vestíbulo del dormitorio de los profesores. Cuando la pequeña bola entraba en la copa colocada al final, reía alegremente y a voz en cuello cantaba junto con la radio.

Yo estudiaba canto con Bergie, pero aprendí de ella algunas de las lecciones más importantes de mi vida. Discutíamos de música, arte, viajes, estilos de vida, libros, aprendizaje, amor y ansiedades. Una vez me dijo: «La vida es como una sobrecama hecha de retazos de alegrías y sinsabores, ganancias y pérdidas, abundancia o necesidad, y hasta la muerte te la pasas remendando. Esto es lo que le da sentido a la vida.»

La amaba tiernamente, y cuando canto, pienso en ella y el gran aporte que hizo en mi vida. Cada nota que sale de mi boca es una exclamación de gratitud por lo que me dio.

Algunas veces me pregunto si hemos perdido el arte de agradecer. Desperdiciamos el deleite de expresar afecto y robamos a otros la alegría de escuchar lo agradecidos que estamos. No sabemos qué decir ni hacer.

Como señala la Escritura de hoy, debemos reconocer a los que han trabajado entre nosotros y devolverles, no necesariamente un boleto de avión para viajar al extranjero ni publicar un libro, sino algo que refleje el valor de su esfuerzo... algo del corazón. Allí es donde la dádiva se perpetúa. Alguien nos da a nosotros... nosotros damos a otros... ellos a otros... y así sucesivamente. Como dijo Bárbara Johnson, es un bumerán de gozo rebotando de un lugar a otro.

Mitch Albom concluye su tributo a Morrie con estas preguntas: ¿Has tenido realmente un profesor? ¿Alguien que te vio como una pieza en bruto pero preciosa, una joya que, con sabiduría, podría pulirse hasta brillar?*

¿Viene alguien a tu mente? Pídele al Señor que te dé una manera creativa para agradecer a esa persona por el regalo que te dio. «Ténganlos en alta estima, y ámenlos por el trabajo que hacen.»

«Señor Jesús, nuestro gran Maestro, instrúyenos en cómo expresar nuestro afecto a quienes trabajaron arduamente para ayudarnos a crecer. Amén.»

---

*Mitch Albom, *Martes con Morrie*, Doubleday, Nueva York, 1997, p. 192.

PAPÁ HARRELL Y EL LUGAR DE ORACIÓN

Thelma Wells

❤✗❤✗❤✗❤✗❤✗❤✗❤✗❤✗❤✗❤✗❤✗❤

**Él quiere que todos sean salvos y lleguen
a conocer la verdad.**

1 TIMOTEO 2:4

*E*n el plan infinito de Dios para mi vida, permitió que naciera de una joven soltera y coja, cuyos padres estaban tan avergonzados por la situación que la forzaron a irse del hogar para que buscara su propio camino. Cuando tenía alrededor de dos años, mi madre y yo estábamos muy enfermas. Granny, mi bisabuela, convenció a mi madre que me dejara con ellos hasta que recuperara mi salud. Durante mi convalecencia, Granny y mi bisabuelo, papá Harrell, se encariñaron tanto conmigo, que cuando mi madre se recuperó, tomaron la decisión de que me quedara a vivir con ellos. Granny siempre me dijo que mi madre no me abandonó, sino que permitió que me quedara con ellos, mientras trabajaba para salir adelante.

Papá Harrell y yo nos hicimos muy buenos amigos. Era ciego, pero tan pronto tuve la edad suficiente para saber cómo ir y venir por el vecindario, me convertí en sus ojos. Sostenía su mano y lo guiaba por la calle hasta la pescadería de los Taplett, a la clínica del doctor, a visitar a sus amigos o a la iglesia.

Uno de nuestros juegos favoritos después de la escuela era «la reunión de oración». La salita de nuestro apartamento se convirtió en la Iglesia Misionera Bautista San Juan. El viejo sofá era la banca y una silla de alto respaldo era el púlpito. Juntos, el abuelo Harrell y yo, cantábamos los viejos y rítmicos himnos de la iglesia y orábamos a voz en cuello. Quienes llegaban tarde a la iglesia detestaban este momento porque solía ser muy largo y no era sino hasta que se hacía la oración que podían tomar asiento.

Recuerdo que alguien dijo en una ocasión: «Cariño, es mejor que estés en la iglesia antes que papá Harrell comience a orar. Sabes que él no sabe cómo detenerse cuando se emociona.»

Papá Harrell cantaba con más entusiasmo que talento, pero recordaba cada una de las palabras de sus dos himnos favoritos: «Después de la Batalla nos Coronará» y «Nada me ha de Mover». Su apagada y desentonada voz de barítono contrastaba con mi fuerte voz infantil. Juntos producíamos con nuestros cantos y oraciones que bajara fuego y azufre sobre nuestra improvisada iglesia. Cuando pienso en papá Harrell, percibo amor en todo. Su tolerancia, paciencia, y lo que es más importante, su presencia fue algo así como la presencia de Dios. Conozco a mi Padre celestial porque lo he visto en las personas que amo.

Dios sabía que los nutrientes que recibí de mis bisabuelos serían los catalizadores que me impulsarían a aprender las verdades acerca de lo que Dios es y cómo obra en nosotros todos los días. Y aquel juego de las reuniones de oración quedó tan grabado en mi corazón, que la oración se convirtió en un hábito para toda la vida y en la vida de mis hijos y mis nietos.

Fue por los ejemplos de Granny y papá Harrell que pude atesorar el poder de los nombres de Dios. En mi tiempo de oración lo llamo:

> *Jehová Yavé (Yo Soy el que Soy)*
> *Yavé Yire (El Señor proveerá)*
> *Yavé Nisi (El Señor es mi estandarte)*
> *Yavé Shalom (El Señor es mi paz)*
> *Yavé Shama (El Señor está allí)*
> *Yavé Sabaot (Señor de los ejércitos)*
> *Yavé Eloe Yisrael (Señor Dios de Israel)*
> *Yavé Rafá (El Señor sana)*

Así como papá Harrell confió en mí para que lo llevara de lugar en lugar sin miedo de caer, o temor de que un vehículo lo atropellara, me enseñó a confiar en Dios y que volcara en él mis temores y ansiedades. La falta de vista le impedía a papá Harrell leer, pero había memorizado algunos pasajes cuando aún podía hacerlo. Su remedio para el temor era el Salmo 23:4 «Aun si voy por valles tenebrosos, no temo peligro alguno porque tú estás a mi lado.» Él me recitaba este versículo constantemente.

Quizá tienes delante a alguien que vive la verdad de Dios, que la ama y la aplica a su vida. Quizá no la tengas, pero puedes convertirte en esa clase de persona para alguien que necesite tu cuidado. No tienes que jugar a una imaginaria reunión de oración; todo lo que tienes que hacer es llevar una vida de fe para que tus seres queridos puedan verla. Tómalos de la mano y condúcelos a un lugar de seguridad espiritual.

«Jehová, me siento feliz por saber que eres mi Creador. Jesús, me siento feliz por saber que eres mi Salvador. Espíritu Santo, me siento feliz por saber que eres mi Consolador. Intercedo por todos los que amo y que no conocen estas verdades, y oro para que sus ojos se abran. Te pido que me muestres cuál es la parte que me corresponde para que esto sea una realidad. Amén.»

¿DE DÓNDE SACASTE ESOS OJOS?

Bárbara Johnson

—¿Quién [te] hizo la boca? ... ¿Quién hace ... que ... no
vea[s] ... ? Ahora ve y haz lo que te dije
porque yo te ayudaré.

ÉXODO 4.11-12 (LA BIBLIA AL DÍA)

Robb R. Hicks no solamente es un talentoso oftalmólogo, sino también un cristiano compasivo. Cuando acudo a mis citas médicas, sé que siempre compartirá conmigo una golosina que le añadirá una pincelada de gozo a mi día.

En su profesión, ve la intrincada y asombrosa complejidad del ojo humano y ayuda a sus pacientes a que entiendan ese hermoso regalo que Dios les dio. Su enfoque médico puede ser oftalmológico, pero en términos seculares, es un especialista en dar aliento. Si es verdad que el mejor ejercicio para el corazón es extender la mano al caído y levantarlo, el corazón del doctor Hicks es el ejemplo perfecto.

Algunas veces los diagnósticos que debe dar son dolorosos. Pero cuando esta clase de noticia debe comunicarse, nunca verás al doctor Hicks en el umbral de la puerta ansioso por salir del paso. Jamás se refiere al problema que encontró utilizando los «clásicos y fríos» términos profesionales cuando se dirige a la acongojada familia que espera la noticia al lado de la cama del ser querido. Hace mucho tiempo que el doctor Hicks descubrió que cuando uno disfruta con alguien una experiencia de gozo, esta se multiplica; y cuando se trata de algo triste, cada sufrimiento se divide. De manera que hace suyo el dolor que sienten sus pacientes y a menudo se ven lágrimas que brotan de sus ojos cuando diagnostica el deterioro en la condición de ellos, o que la devastadora lesión que sufren es irreversible.

Me contó cómo fue que llegó a sentirse cómodo de poder expresar sus emociones. Hace algunos años tuvo que decirle a los consternados padres y abuelos de una pequeña, que debido al cáncer, uno de los ojos de la bella niña de dos años debía removerse. Se dirigió a la habitación con el plan de conducirse como un ejemplo de disciplina, de modo que pudieran sentirse fortalecidos por su aplomo. En vez de eso, al sentarse y hablar con los inconsolables padres, sosteniendo las manos de ellos entre las suyas, el doctor Hicks dijo: «Yo también empecé a llorar. Esto era mucho más normal y la verdadera expresión de lo que sentía, en lugar de asumir la postura con la que siempre "actué". Aprendí una lección de este incidente. Uno debe expresar la tristeza cuando lo que siente es tristeza. Los miembros de esa familia no pensaron que era menos ni pusieron en tela de juicio mis habilidades por esta legítima expresión humana. Todo lo contrario, se dieron cuenta de cómo realmente me sentía y que compartía su pena.»

Cuánto consuelo debe haber significado para aquella acongojada familia el amor y la sinceridad del doctor Hicks (lo sé por experiencia porque muchas veces también ha sostenido mis manos). No tiene ningún temor de mostrar a sus pacientes que no los atiende únicamente en el aspecto profesional, sino que también lo hace de corazón. Una vez que lo entienden, son capaces de responder con más facilidad al ánimo que les da. Por ejemplo, repetidamente les dice a quienes se lamentan la pérdida de un ojo que «un ojo es una necesidad y que dos son un lujo». Cuando aconseja a sus pacientes diagnosticados con una mancha degenerativa (condición en la cual se pierde la visión central), señala que quizá la enfermedad no les perjudicará la visión lateral (la visión periférica) y los convence de que mientras no exista una fórmula mágica para tan insuperables problemas, como dijo alguien, «deben aprender a vivir con montañas que jamás se moverán».

Los pacientes que están mejor equipados para enfrentar cualquier «montaña» que aparezca en su camino, dice el doctor Hicks, «son las personas que poseen una sólida fe en Dios» y que entienden que los problemas de salud suceden en este imperfecto mundo «por transmisión genética, por causa del ambiente o por accidente». Saben que Dios está en su trono y que escucha sus oraciones... y también saben que aún ocurren milagros.

«Bondadoso Dios, gracias por el don de la visión. Ayúdame a utilizarlo para ver las gloriosas bendiciones que me das y a ver la forma de llevar gozo a otros. Amén.»

COMPAÑERAS CON LAS QUE PUEDES CONTAR
Sheila Walsh

✖♥✖♥✖♥✖♥✖♥✖♥✖♥✖♥✖♥✖♥✖♥

Padre de los huérfanos y defensor de las viudas
es Dios en su morada santa.

SALMO 68.6

Algunas veces, cuando no puedo dormir, me recuesto en la cama y en lugar de ponerme a contar ovejas, cuento a todas las personas divertidas que Dios ha puesto en mi camino. En una de esas ocasiones, me fui a acostar a las diez y media de la noche y enseguida me quedé dormida. Cuando desperté, pensé que ya era de mañana, pero me sorprendí al ver en mi reloj de mesa que eran solamente las doce y media. Me quedé viendo a mi esposo, quien estaba totalmente rendido.

Me deslicé de la cama y le di un vistazo a mi bebé. Cristian se había arrastrado hasta el final de su cuna y dormía profundamente, chupándose el dedito gordo y apretando su mantita azul favorita contra su mejilla.

Bajé las escaleras, me preparé una tasa de té caliente y encendí el televisor en mi canal favorito. Miré *Amo a Luci* y *Dick Van Dyke*, pero seguía sin sueño. Cuando el reloj marcó las tres y media, subí las escaleras determinada a caer rendida.

Fue en ese momento cuando empecé a imaginar a Luci, Patsy, Marilyn, Bárbara, y Thelma saltando la cerca. Entonces recordé algunas de las historias que relatan cuando hablan en conferencias y empecé a reír. No sé si te ha dado por reír cuando la persona que tienes al lado está profundamente dormida, pero esto hace que una se ría más. Metí la cabeza bajo el cobertor tratando de silenciar mi resoplido.

Sin embargo, no podía contenerme. El recuerdo de la historia de Luci acerca del chihuahua, en la que ella, como la perdedora de una apuesta con Marilyn, debía ir y decirle a una desconocida que su chihuahua era mejor que el de ella y darle las gracias por sus oraciones.

Después, la historia de Luci, de la ocasión en que le puso el nombre de Bernadette Apes en la tarjeta de visitantes de una pequeña iglesia del vecindario, sin pensar que el pastor la llamaría por su nombre desde el púlpito e intentaría comprometerla para que hablara en la reunión.

Eran ya las tres y media de la madrugada, acostada y casi ahogada bajo el cobertor. Y Barrí seguía durmiendo.

Estas maravillosas mujeres con las que voy en los Viajes de Gozo han traído mucha alegría a mi vida y me han brindado una gran amistad. Su presencia en mi vida se convierte en un regalo mucho más precioso cuando recuerdo lo difícil que era para mí establecer amistad íntima con otras mujeres. Sentía mucha necesidad de aprobación y aceptación; sin embargo, me atemorizaba dejar ver mi verdadero yo en caso de que no fuera suficiente: y estaba bastante segura de que no lo era. Mientras más alta era la fachada de temor que erigía a mi alrededor, más falta me hacía la aprobación... pero menos estaba dispuesta a recibirla. Escondida detrás de esa pared, no me daba cuenta de cuánto esfuerzo requiere para alguien escalar esas alturas para encontrar la real, atemorizada e insegura Sheila.

Finalmente, me consideré incompetente para crear o mantener buenas relaciones. Nunca he sido capaz y nunca lo seré. Por fortuna, al mismo tiempo me di cuenta que Cristo es suficiente para todo lo que necesitamos. Su misericordia nos ayuda a ver a otros misericordiosamente, y su amorosa aceptación nos capacita para aceptarnos y aceptar a otros. Con esto como punto de partida, podemos reposar, ser nosotras mismas y salir de las paredes protectoras que erigimos. Podemos conectarnos con las que descubrieron el gozo de ser ellas mismas: defectuosas y tontas, pero valiosas por causa de Cristo.

¿Con quién quieres transitar en la carretera de la vida? ¿Quién te puede hacer reír sin parar y meterte bajo el cobertor por el solo hecho de pensar en ellas y sus ridiculeces? ¿Qué necesitas para ser asequible para una profunda y enriquecedora relación con ellas?

La próxima vez que no puedas dormir, dale gracias a Dios por todas las personas que enriquecen tu vida. Y sonríe un poco al verlas saltar la cerca.

«Señor:

Gracias por las amistades.

Gracias por la familia.

Gracias porque somos parte de tu familia ahora y para siempre.

Amén.»

COMAMOS CON ALEGRÍA

Marilyn Meberg

✗♥✗♥✗♥✗♥✗♥✗♥✗♥✗♥✗♥✗♥✗♥✗♥

¡Anda, come tu pan con alegría! ¡Bebe tu vino con buen
ánimo, que Dios ya se ha agradado de tus obras!

ECLESIASTÉS 9.7

Por fin se resolvió uno de los mayores dilemas de la vida: Los pavos refrigerados son más sabrosos que los no refrigerados, y que los que vagan libremente por los patios. Por años albergué la sospecha de que nunca debería comprar un pavo refrigerado si quería disfrutar de verdad de una memorable y apetitosa cena de pavo. En lugar de eso, debería escoger un pavo fresco, del campo, que pudiera andar libre y alegremente sin restricciones de ningún tipo. Parecería lógico que esta vida feliz y campechana produciría un pavo exquisito.

Sin embargo, la experiencia nunca apoyó esta lógica a la hora de la verdad. Por años, cada uno de nuestros selectos pavos silvestres resultó ser un trago amargo y el sabor jamás estuvo a la altura de nuestras expectativas. Me imaginaba que cada año escogíamos sin quererlo un pavo infeliz y que simplemente no tenía la motivación ni imaginación para prosperar en su salvaje hábitat. Nada más se encaramaba y permanecía allí hasta que le llegaba el turno.

Mi recién adquirido conocimiento acerca de la superioridad de los pavos refrigerados surgió debido a una encuesta hecha a los consumidores por un periodista de *Buenos Días América*. Con la cooperación de una de las más refinadas escuelas de alta cocina de la ciudad de Nueva York, se les pidió a cuatro de los más destacados estudiantes que escogieran cuál de los tres pavos asados era más sabroso: el congelado, el no congelado o el de patio. Sin ningún conocimiento previo de los tres pavos, cada estudiante escogió el pavo refrigerado como el más sabroso. Después, al personal de la TV se le hizo la misma prueba, y también escogieron el refrigerado.

Bueno, ¡esto fue suficiente para mí! Ese día de Acción de Gracias fue solamente hace unos días. Apagué el televisor y salí corriendo a comprar un pavo refrigerado. Me paré frente a los tres estantes y miré fijamente el contenido. Había diferentes marcas de pavos, pero ninguna me era familiar. Pensé que lo único que tenía que hacer era escogerlo por el peso que quería y sacarlo.

Para ver el peso exacto, prácticamente tenía que arrastrarme dentro del estante y rebuscar en lo que parecía una montaña de rocas congeladas. Con cada movimiento de los pavos, descomponía su configuración. Empezaron a moverse peligrosamente alrededor de mí. Rápidamente saqué de un tirón uno de dieciséis libras y cerré de un golpe, previniendo un alud de pavos cayendo por el piso.

Las instrucciones al dorso de la bolsa del pavo congelado me indicaron que lo colocara en el refrigerador donde se descongelaría hasta quedar perfecto. De allí lo sacaría el día de Acción de Gracias.

Con ingenua antelación, saqué a Jenny del refrigerador la mañana del día de Acción de Gracias para prepararla en su viaje al horno. No lucía tan rígida como el día que nos conocimos, pero tampoco estaba suave y flexible. La sumergí en agua fría en el fregadero de la cocina y le recomendé que se descongelara lo más rápido posible, hice un fabuloso desayuno de barquillos belgas, tocino y puré de frutas, lo cual esperaba que satisficiera a mi hambrienta familia por más horas de las que originalmente había pensado.

Jenny se arrastró en el horno cerca de las once en punto y estuvo lista a las cinco de la tarde. Estaba deliciosa y húmeda hasta que se me ocurrió cortar más allá de una pulgada. Entonces descubrí carne rosada que me hizo pensar en una posible salmonella. Cortamos en rodajas la parte más superficial y después puse los restos de Jenny en una cacerola para cocinarla un poco más para futuras sopas (olvídense de los emparedados del día siguiente).

A pesar de esta leve crisis pavona, mi familia, algunas queridas amistades y yo pasamos un maravilloso tiempo juntos. Reímos, trajimos a colación situaciones que se dieron en nuestras vidas y aun recordamos la ocasión cuando nuestro perro casi tuvo éxito en alcanzar un pavo perfectamente cocinado cuando nadie vigilaba el plato. Su intención, sin duda, era escurrirse tras la puerta para disfrutar una comida en privado.

Volviendo al presente y observando los rostros de mis hijos y amigos, recuerdo algo que sé pero que suelo olvidar. Lo que hace que una reunión tenga significado es la familia y los amigos. Los ingredientes para una dulce confraternidad no se apoyan en si es un pavo congelado o uno silvestre, sino en la atención y el amor recíprocos.

Algunas veces olvido y me dejo llevar por lo externo de una celebración, lo cual por supuesto, trunca mi experiencia interior de gozo. Aun si nos vemos obligados a ordenar una pizza teniendo a Jenny con nosotros a la hora de la comida, deberíamos tener un gran momento simplemente porque estamos juntos.

Ahora, eso no significa que no quiera entrar en el debate del pavo una vez más; sin embargo, estaré mucho más decidida el próximo día de Acción de Gracias a cocinar al infeliz pavo silvestre. Al menos están casi listos para el horno cuando llegan a la puerta.

«Señor, gracias por la bendición de la familia, los amigos y amados parientes. Gracias porque la presencia de todos ellos en nuestras vidas es constante y tu amor por nosotros es firme. Gracias por las pequeñas tonterías sobre los pavos y porque tú nos invitas a comer con corazón alegre simplemente porque nos favoreciste con ser miembros de tu divina familia. Amén.»

EL TÍO HERMANO

Thelma Wells

✖♥✖♥✖♥✖♥✖♥✖♥✖♥✖♥✖♥✖♥✖♥
Convertiré su duelo en gozo, y los consolaré;
transformaré su dolor en alegría.

JEREMÍAS 31.13

Una de las personas más pintorescas en mi familia es el tío Lawrence Morris, hijo, el único hermano de mamá. Su apodo es Tío Hermano. A sus poco más de setenta años, trata de actuar y pensar como un quinceañero. Siempre está hablando de su enamorada, pero no creo que la tenga. ¡Al menos ninguno de la familia ha visto señales de ella!

Hace dieciséis años me convertí en el guardián legal de Tío Hermano porque lo catalogaron como «alcohólico crónico». Aunque aceptó a Jesucristo en su juventud, vivía como un demonio. Admite que fue un borracho y todo lo que eso implica. Cuando llegaba al punto de que lo único que le interesaba era su bebida, alguien debía cuidarlo... y ese alguien era yo. Como su guardián, hice decisiones con las que no estuvo de acuerdo; no podíamos llevarnos como adultos. Esa fue la noche oscura de nuestra relación y no sabíamos si llegaría el amanecer.

Sin embargo, aunque me disgustaba con Tío Hermano por la manera en que trataba a los demás, oraba por él para que se reconciliara con el Señor. Oraba para que el Espíritu Santo lo redarguyera y no le diera descanso hasta que se arrepintiera y empezara a vivir para Dios. No deseaba que Tío Hermano muriera sin darse cuenta que podía disfrutar de una mejor vida que la que escogió. Él sabía que lo amaba porque lo toleraba. A menudo le decía que lo amaba, a pesar de la manera en que me respondía cuando se lo decía. Le doy gracias a Dios porque pasamos esa noche; nuestra tristeza se convirtió en gozo.

En los últimos años, Tío Hermano ha hecho grandes cambios. Ahora habla acerca de cómo Dios le permitió atravesar por peligros conocidos y desconocidos. Alaba a Dios cantando, ve la televisión cristiana, lee la Biblia, refrena su lengua, habla con cariño de las demás personas, cambió su círculo de amigos, lo respetan en la comunidad y se ocupa por los demás miembros de la familia. Asiste a las reuniones familiares y disfruta de todo lo que lo rodea. Su duelo se convirtió en gozo y lo mismo ocurrió con los demás miembros de la familia.

Con mi tío, el duelo duró cerca de diez años, pero Dios siempre estuvo presente. Nunca dejó solo a Tío Hermano y esperó que él abriera de nuevo su corazón.

Por años, la tempestad y el dolor soportados fue el pan de cada día. Pero ahora, mi tío puede cantar conmigo: «El gozo que tenemos el mundo no lo dio y el mundo no lo puede quitar.»

¿Lidias con alguien que sientes que nunca va a cambiar? ¿Vacilas entre el deseo que cambie o el de esperar que te deje tranquila? ¿Te diste por vencida esperando cosas buenas de esa persona?

Ninguno está tan lejos de Dios como para que no pueda volverse al Señor. Nuestra responsabilidad es seguir tocando la puerta de Dios, interceder por esa persona y creer que él contestará nuestra oración. Dale gracias a Dios por lo que va a hacer. Con paciencia, y a la vez con expectación, espera en el Señor, ¡renueva tu esperanza!

«Señor, para nosotros es más consolador de lo que podamos expresar que nunca te das por vencido. Con solo darme cuenta que mueves personas de las pailas del infierno a las puertas de la gloria es sobrecogedor. Permite que siempre recuerde que por ser nuestro Creador, puedes cambiarnos. Aumenta mi paciencia hacia los que parecen no tener esperanza y renueva mi constancia en la oración por ellos. Amén.»

PAQUETE DE SORPRESA

Bárbara Johnson

El Señor es mi fuerza y mi escudo; mi corazón en él
confía; de él recibo ayuda. Mi corazón salta de alegría, y
con cánticos le daré gracias.

SALMO 28:7

L a editorial de varios de mis libros realizó un concurso entre los propietarios de las librerías distribuidoras para ver quién podía ingeniar la manera más atractiva para exhibir mis «cosas»: libros, cajas de gozo, tazas de café, calendarios y otros artículos. Nadie me lo dijo hasta que el concurso terminó: ¡yo era el premio! Pero, cómo cambiaron las cosas, pues fui la que se sintió como la ganadora.

Cuando se anunció que el primer lugar de la exhibición lo obtuvo la Librería Bautista de Nueva Orleans, Bill y yo volamos para allá para firmar los libros y conocer a los empleados. Después, me invitaron para hablar en un seminario bautista y también en un seminario sobre el matrimonio. Durante las horas libres del viaje, me las arreglé para manejar ciento sesenta y un kilómetros hacia McComb, Mississippi, para almorzar con una amiga y su hija.

Me imaginaba estar con estas chicas en un apacible interludio dentro del horario tan ocupado que la editorial preparó para mí. Sin embargo, al llegar, ¡ese «almuercito» para nosotros cuatro se tornó en una reunión de más de cuatrocientas mujeres en un salón del hotel Ramada! Mi amiga nunca fue buena en el arte de guardar secretos. Cuando expresé sorpresa por tener cuatrocientas mujeres en vez de nosotros cuatro, se encogió de hombros y con una sonrisa en los labios pidió disculpas.

«De alguna manera se supo», dijo ella, añadiendo que la última «celebridad» que llegó a esa ciudad fue Barry Goldwater, ¡y eso fue hace veinte años!

Mi amiga hizo los arreglos para que la librería cristiana local pusiera unos estantes con libros para venderlos (y yo para firmarlos), y una larga fila de mujeres se formó para comprarlos u obtener un abrazo de oso de Bill.

Al mirar mi reloj, me acordé de un chiste que dice que los programas son como las piñatas: Están hechos para romperlos. El lugar estaba repleto, con todas esas mujeres metidas en un área creada para un cupo de trescientas cincuenta. No había suficiente espacio. No había suficiente comida. No había suficientes cubiertos. Y cuando miré a la multitud, no sabía si tenía suficiente energía para darles lo que esperaba.

Sin embargo, desde el momento que manejábamos a través del atestado estacionamiento y nos detuvimos frente a la puerta del hotel, pude percibir algo especial en este grupo. Caminando hacia la puerta, escuché risas: ¡uno de mis sonidos favoritos!

Fue un verdadero deleite estar con esas mujeres tan amenas. Les conté mi historia y, en reciprocidad, ellas me bendijeron con sus risas, su consideración y su amor. Fue un placer inesperado que se convirtió en el punto más notable de mi viaje. ¡Sentí como si hubiese ganado un premio!

Cuando me encuentro fatigada y abrumada por los compromisos hechos con mi familia, amigos, editores y los «Viajes de Gozo», me acuerdo del día en McComb, Mississippi, y también de las palabras de Jesús: «A todo el que se le ha dado mucho, se le exigirá mucho; y al que se le ha confiado mucho, se le pedirá aun más» (Lucas 12:48).

Bill y yo nos sorprendimos de ver allí tantas mujeres para saludarnos y nuestros cuerpos se revitalizaron por su contagioso entusiasmo. Nuestra «corta visita» se tornó en una sorpresa tan inmensa que quedamos exhaustos, pero a la misma vez contentos.

He recibido muchas bendiciones: más gozo del que haya imaginado tener, más amor del que haya soñado, más aliento del que merezco. Pero sé que Dios no me ha bendecido con estos dones para sentarme en una mecedora y guardarlos para mí sola.

Algunas veces la vida se vuelve tan complicada, que sentimos que ya fuimos lo bastante lejos por esa carretera de tensiones. Nos imaginamos acorralados contra la pared, sin poder contestar una llamada más, escuchar una queja más, ni tomar un respiro más. Cuando esa sea la imagen que llene tu mente, vírate hacia Dios. Imagínate apretada fuertemente contra su corazón, protegida con sus manos sempiternas, renovada por su aliento de vida, rodeada por su amor y saturada de su fuerza. Entonces, vuelve de nuevo hacia la carretera.

«Dios amado, me aprieto a tu corazón. Te pido que me sostengas con tus manos, protejas con tus ángeles y me des poder con tu amor. Amén.»

COLABORADORAS CHIFLADAS

Thelma Wells

✖❤✖❤✖❤✖❤✖❤✖❤✖❤✖❤✖❤✖❤✖❤✖❤
Nosotros, colaboradores de Dios, les rogamos
que no reciban su gracia en vano.

2 Corintios 6:1

Imagínate esto: Te dicen que vas a viajar por todo el país los fines de semana de casi todo el año con cinco mujeres que no conoces. Darán conferencias juntas, comerán juntas y orarán juntas. Estarán bajo presión juntas y compartirán el gozo y las tribulaciones del viaje juntas. Si me preguntas a mí, te diría que es una abrumadora cantidad de experiencias simultáneas para pasarlas junto a personas desconocidas.

Bueno, si hubiera sabido lo que significaría viajar por todo el país con estas cinco colaboradoras de Mujeres de Fe, lo harías... porque más rápido que volando me habría embarcado para alistarme en la aventura. No tenía idea de cuán emotivas y emocionantes eran, ni qué influencia habrían de tener en mi vida.

He aquí un vistazo hacia dentro de mis cinco colaboradoras chifladas:

Siempre me acordaré del día que Bárbara Johnson me presentó delante de dieciséis mil mujeres en Pittsburg calzando yo un par de pantuflas que tenían una abeja. Aquellas pantuflas brillantes de color amarillo y negro, estaban adornadas con unas enormes alas blancas de franela, como si estuvieran listas para volar sobre la audiencia llevándome de corbata. Todo el día de la conferencia decenas de damas vinieron a ver mis pies adornados con esas ridículas pantuflas. No obstante, llamaron mucha la atención hacia el mensaje cuyo título fue «Puedes ser mejor de lo que quieres SER (BEE) en Cristo». Si alguien puede ejemplificar este mensaje, es Bárbara, quien ha podido sobreponerse a muchas tristezas para poder dar mucho gozo.

Marilyn Meberg tiene una manera simpática de hacerme reír. Puede empezar con una sonrisita e ir en crescendo hasta una risa poderosa, sin razón alguna. Empieza con ja, ja-ja, ja-ja-ja, ja-ja-ja-ja y revienta en una contagiosa carcajada. Sin darnos cuenta, todos empezamos a reír sin saber por qué, excepto que sabes que te ríes con (¿o de qué?) Marilyn. Es un gozo reírse solo por reírse. Me fatigo

---

*Nota del traductor: En inglés abeja se dice «BEE» y el verbo SER es «BE».

con esta explosión de risa con facilidad... pero no la cambiaría por nada.

Me encanta escuchar a Patsy Clairmont decir: «¡No lo creo!» Con sus manos en las caderas, sus rodillas dobladas, su mentón hacia arriba y su cabeza en el aire, la postura de Patsy proclama que la vida es ridícula y ella lo sabe. Cuando dice: «¡No lo creo!», es mejor que escuches y aprendas. Es una mujer pequeña, pero con una gran percepción. Cuando Patsy habla, Thelma escucha.

Sheila Walsh es extravertida. Un día, cuando filmábamos un vídeo para las conferencias de Mujeres de Fe y mientras estaba parada frente a la cámara sin ningún anuncio, se salió del guión e improvisó varias líneas tan graciosas que todos los que estaban alrededor prorrumpieron en exclamaciones de alegría. Fue tanta la risa que después nos fue difícil estar serias de nuevo. Al final lo logramos. Nosotras, las mujeres, tratábamos de recordar nuestras líneas. Las personas con las cámaras estaban serias filmando todo y el productor estaba muy serio. Dejemos que Sheila salpique algo de su buen humor en nuestra situación.

Algunas veces, cuando a una de nosotras le toca dar su conferencia, a Sheila le gusta animarnos poniendo sus dedos en su boca y silbar. Después, con inocencia, mira a su alrededor como si dijera: «¿Hay algo de malo con el silbido? ¿No todo el mundo responde así?» Claro, siempre Sheila.

El primer regalo que recibí de estas mujeres me lo dio Luci Swindoll. Luci caminó hacia mí escondiendo su mano en la espalda y me dijo que quería darme algo que recientemente había visto en una tienda. Sacó un títere que traía en el dedo índice, una abeja, y sugirió que me lo pusiera esa noche para la Conferencia de Mujeres de Fe. Lo hice, y todas nos reímos por la broma. ¿Qué más podía hacer? Esa es Luci: creativa, juguetona y siempre pendiente de dar una razón para reír.

A través del dolor, la pena, las desilusiones, las provocaciones y la agitación de la vida, estas maravillosas mujeres todavía son graciosas, aventureras e ingenuas.

Así como influyeron en mí, me animaron, ampliaron mis horizontes y me hicieron reír, tú también puedes ser una bendición para las personas que conozcas hoy. Sí, la vida tiene sus momentos serios. Pero ser un poquito chiflada puede ser el secreto de verte a ti misma y a otros a través de buenos y malos tiempos. Prosigue, alégrale el día a alguna: hazla sonreír.

«Maestro, nos has dado la habilidad de reír así como de llorar, de ser ridículos así como de ser serios, de ser personas alocadas. Gracias por ponernos personas en la vida que nos recuerdan que la calidad de vida está en lo que hacemos. Ayúdanos a saber cómo podamos animar a otros e iniciar el fuego del gozo en sus vidas. Gracias por la forma en que haces brillar nuestra pesada carga y darnos palabras de ánimo en nuestros espíritus cada día cuando te escuchamos. Amén.»

PEQUEÑOS RECUERDOS

Bárbara Johnson

Hagan brillar su luz delante de todos, para que ellos
puedan ver las buenas obras de ustedes y
alaben al Padre que está en el cielo.

MATEO 5:16

Hace poco estaba en una tienda incapaz de encontrar lo que necesitaba. Así que busqué a un vendedor para que me ayudara. Por fin, encontré a uno vestido de rojo, pero estaba inclinado sobre una caja grande concentrado en su propia búsqueda.

Viéndolo resuelto y apurado, dudé en interrumpirlo. Pero vi su identificación bamboleando en el hombro de su uniforme. Tenía una carita feliz y debajo de su nombre, Caleb, tenía esta declaración: «¡Pregúntame! Me gusta ayudar.»

Animada por esa sugerencia, tragué un poco de saliva y dije: «Disculpe, por favor. ¿Me puede ayudar?»

Caleb movió su cabeza sacándola de la caja y al verme se enderezó. De repente su seriedad se transformó en una sonrisa. «¡Sí, señora! ¿En qué la puedo ayudar?» Esa cara sonriente y el mensaje que Caleb tenía en su identificación me aseguró que podía obtener una respuesta gentil de su parte. El incidente me hizo recordar los mensajes y símbolos que los cristianos usamos para que otros sepan quiénes somos. (Es como cuando los ancianos usamos identificaciones en nuestra reunión de alumnos de la quincuagésima promoción, ¡para recordarnos quiénes somos! Qué seguridad hay al ver esos pequeños símbolos cuando necesitamos acercarnos a personas que nos son desconocidas para pedirles ayuda o para poder solicitar cualquier otra cosa.

Mi hijo Barney sabe sobre eso. Hace unos cuantos años, cuando tenía su propio negocio de cemento, ocurrió una desgracia en una de sus obras en una residencia. Llenaba con cemento el borde de una piscina, cuando de repente uno de los paneles no resistió y un poco de cemento salpicó la propiedad del vecino. Cuando pudo apagar la mezcladora y cerrar el conducto, ya el desastre había ocurrido.

Con temor fue a decirle al vecino lo sucedido. Él se imaginó a la persona vociferando, furiosa y amenazando con demandas y otra clase de agravios cuando viera todo lo que provocó el accidente.

Cuando Barney caminó hacia el portal, se le aceleró el corazón y las manos le sudaban.

Entonces, al pasar junto al automóvil del vecino, vio algo que hizo que sus preocupaciones se disiparan. Allí, sobre el parachoques, había una calcomanía: dos líneas curvas que empezaban en un punto y terminaban cruzándose. Un pequeño pez.

Animado por ese símbolo sin palabras, Barney tocó la puerta. Cuando la mujer abrió la puerta, él le explicó el problema, se disculpó por el estrago ocasionado y le prometió que iba a restaurar todo y pagar por cualquier daño causado por el cemento. La mujer escuchó en silencio todo lo que Barney tenía que decir. Él terminó diciendo: «Sentí temor al venir y decirle todo esto, pero cuando vi el pecesito en su auto, pensé: ¡Gracias, Señor, ella es cristiana! Entenderá y me perdonará.»

Asimismo lo hizo la mujer. (Después de todo, ¿qué otra cosa hubiera hecho una vez que Barney trajo a colación el símbolo que tenía en el auto para que todos lo vieran?) Con cortesía aceptó las disculpas de Barney y lo invitó a tomar una vaso de agua helada.

Hay que tener agallas para usar los símbolos cristianos. Una vez que pones esa calcomanía en tu vehículo, viene una de esas personas a tu puerta diciendo que salpicó cemento en tu patio. Quizá, mientras lees una revista cristiana en la fila del supermercado, un niño de dos años que está detrás de ti te toca la falda blanca de lana con un helado de chocolate. Tan pronto te pones una pequeña cruz en la solapa, uno de tus hijos entra por la puerta y te pregunta si puedes decir una mentira blanca, solamente esta vez, para salir de un problema en la escuela.

Es más fácil usar un símbolo cristiano debajo del abrigo, o cargarlo en el bolso, o esconderlo debajo de un florero. Demanda mucho valor ponerlo fuera para que todo el mundo lo vea. Sea que uses un pecesito en la solapa o pintes en tu camión letras de dos pies de alto que digan «Manejando para Jesús», será siempre lo mismo para quienes están mirando eso. Para algunos, al único Jesús que van a conocer en sus vidas es al que vean en ti.

«Padre de gracia, por favor, lléname de tu luz para que mis defectos sean como sombras y que tu bondad se vea. Amén.»

DISFRUTA EL PANORAMA

Sheila Walsh

¡Que se alegren tu padre y tu madre! ¡Que se
regocije la que te dio la vida!

PROVERBIOS 23:25

¡No tenía idea que sería tan fantástico! Claro, he visto cómo mi hermana cuidaba de sus hijos y cómo se gozaba con cada paso que daban. Pero no me imaginaba que tener mi propio hijo sería como aterrizar sobre el arco iris y despertar en el reino de Oz.

No tenía idea de que mi cuerpo y también mi corazón pudieran resistir tanto sin explotar. He notado también que en los pocos momentos que uno duerme cuando los hijos son bebés, misteriosa y sorprendentemente, Dios pone una doble porción de amor en nuestros corazones. Te percatas que tu océano de amor es tan profundo que puede conducirte a través de esas caudalosas aguas producidas por la falta de sueño. Billy Sunday dijo: «Las madres ... cumplen su función tan bien, que no hay ni un ángel en el cielo que no estuviera dispuesto a dar una tonelada de diamantes para poder venir a este mundo y tomar sus lugares.»

Sin embargo, eso es nada más que por un momento. Eso me parece a mí cuando veo a Cristian sentarse y gatear. Hay todo un mundo por delante para que crezca, se desarrolle y madure, y si Barry y yo hacemos un buen trabajo, Cristian será un hombre fuerte e independiente. Algún día lo veré mirando a los ojos de una mujer joven vestida de blanco y sus ojos estarán llenos de ella.

Pero esta noche lo arroparé en su cunita. Disfrutaré la escena que presenta su carita y veré cómo sus labios se mueven al dormir. Disfrutaré al ver cómo su cabello rizado cae por debajo de su cuello y se mete entre su pijama, y le cantaré una canción de celebración que escribí cuando nació.

> Pon tu cabecita dorada en esta almohada, mi amor.
> Que hay ángeles cuidándote,
> Y la estrella de la mañana está en los cielos cerca de ti.
> ¿Puedes ver cómo la luna brilla en tu cuarto
> Atando listones de plata en tu cabello?

Ojalá que tu sueño sea dulce
Hasta que la luz del sol penetre aquí.
Yo nunca conocí tan tierno amor,
Que pudiera romper mi corazón en dos.
Así que me recuesto suavemente contigo a los pies de Jesús
Y siento que estoy en tierra santa,
Tal es el regalo que Dios nos dio en ti.
Beso tus mejillas aterciopeladas y oro por ti.
Pon tu cabecita dorada sobre esta almohada, mi amor.
Que hay ángeles cuidándote,
Y la estrella de la mañana está en los cielos cerca de ti.

Quizá tus hijos ya son adultos o a lo mejor no tienes hijos. Pero mira a tu alrededor y contempla lo que tienes. Puede ser tu perrito meneando la cola dándote la bienvenida al llegar a casa. O tu esposo que se da cuenta que no te sientes muy bien y corre para prepararte un baño con agua caliente. O un amigo que te llama en el momento preciso. Sea lo que sea que veas, detente por un momento y disfruta la escena.

«Señor Jesús:

Gracias por mi vida.

Gracias por los que la enriquecen,

que la hacen agradable, divertida y sólida.

Ayúdame a detenerme y disfrutar el escenario de este día.

Amén.»

111

Patsy Clairmont

✖❤✖❤✖❤✖❤✖❤✖❤✖❤✖❤✖❤✖❤✖❤
Es muy grato dar la respuesta adecuada, y más
grato aun cuando es oportuna.

PROVERBIOS 15:23

¿Qué clase de comunicadora eres tú? ¿Eres un arroyo apacible, una corriente silenciosa o una catarata estruendosa? ¿Tienes volúmenes de palabras como la Enciclopedia Británica? ¿O eres una que comunica con palabras simples como los primerizos Dick y Jane? La mayoría de las personas caen entre esas categorías.

Yo soy más bien un torbellino de palabras, y sé que eso les sorprende. ¿Acaso no se maravillan de que una mujer de cinco pies pueda tener la verborrea de una mujer de diez pies? Creo que soy afortunada, aunque algunos quizá no estén de acuerdo con eso... como mi amiga Lana.

Lana y yo hemos sido compañeras por muchos años. Hemos recorrido kilómetros de risas, viajado juntas, dado conferencias juntas, pasado días festivos juntas, y hemos disfrutado muchas veces llenando interminables crucigramas. Nos reímos, reñimos, nos consolamos, soñamos, discutimos y conversamos.

Increíble, ¡podemos conversar! Bueno, acepto que quizá tengo la tendencia de expresar unas palabras más que ella, ¿pero quién las cuenta? Yo no. No hago números, solo palabras. Es más, Lana puede sostener una conversación una vez que empieza. Pero mi exagerado parloteo hace que la deje sin aliento antes de que ella pueda comenzar.

Recuerdo que... Lana y yo habíamos terminado un emocionante pero agotador seminario. Compartíamos la misma habitación y yo estaba muy tensa por haber trabajado tanto. Mi manera de descansar es liberando mis pensamientos con chillidos, y hacer los informes detallados de cada día de actividad. Por lo general, estoy alerta cuando soy, digamos, fastidiosa para mis oyentes, pero evidentemente esta vez perdí el control de mi boca-monitor.

No fue que aburriera a Lana hasta que cayera en un letargo. No, evidentemente noqueé su aplomo. Me di cuenta de esto cuando me incliné sobre su mecedora para enfatizar algunos puntos clave de mi narración. Ella, ya no estaba consciente. Un *zzzzzzzz* de agotamiento salía por sus labios. Sus párpados estaban sellados como las bolsas plásticas para guardar comida, sugiriendo que nuestra conversación había terminado. ¡Qué descortés! ¡Y yo que recién estaba llegando a la mejor parte!

Desde entonces, Lana y yo hemos recordado muchas veces esa breve charla. Ella dice que había escuchado lo suficiente. Yo, por el contrario, sabía que tenía más que decir... mucho, mucho más.

Mientras que ciertas personas necesitan eliminar algunos gramos de grasa, otras hacer bastantes compras o ver televisión (no está mal, yo también lo necesito), algunas necesitamos abreviar nuestros incoherentes recitales. Silencio no significa vacío, y por cierto, a menudo llena más que muchas palabras. Así es que en lugar de tratar de llenar cada momento silencioso con una charla, haríamos mejor en sentarnos tranquilamente (shhh) y desarrollar una nueva habilidad: escuchar. Haciendo esto, podremos escuchar los *zzzz* de un compañero que trata de tomar un merecido descanso o quizá podríamos escuchar al Señor hablándonos de una manera suave.

«Señor, por favor, háblanos lo suficientemente alto para que podamos escucharte a ti más que al clamor de nuestro corazón. Muchas de nosotras, aunque no estemos hablando, hacemos mucho ruido dentro. Estamos sorprendidas, Señor, que nunca te cansas de escucharnos. Esta es una maravillosa y singular verdad, ya que nadie nos ha cuidado como tú lo haces. Amén.»

CARGA PESADA

Cosas que queremos buscar, que queremos,
que tenemos que arrastrar a través de la vida

✗♥✗♥✗♥✗♥✗♥✗♥✗♥✗♥✗♥✗♥✗♥

SALIDA EN FALSO
Thelma Wells

✗❤✗❤✗❤✗❤✗❤✗❤✗❤✗❤✗❤✗❤✗❤
No se cumpla mi voluntad, sino la tuya.
LUCAS 22:42

¿Has visto a los corredores en las olimpiadas preparándose para empezar la carrera? Ocupan con cuidado su lugar en la línea de salida, ponen los pies y las manos sobre la pista como lo practicaron por muchas horas. Luego, al sonido del disparo, salen con todo el ímpetu posible.

No obstante, si uno de los corredores, ansioso de ganar unas centésimas de segundo para tomar la delantera, sale antes del sonido de la pistola, se declara la salida en falso y todo el mundo tiene que volver para empezar de nuevo. Algunas veces una carrera puede tener dos o tres salidas en falso. Como resultado, los corredores se cansan, se llenan de ansiedad y se irritan.

En mi caso, he tenido varias salidas en falso. A veces estaba tan dispuesta a lanzarme en pos de la voluntad de Dios, de la que creí escuchar el sonido de la pistola, para simplemente darme cuenta que salí antes de tiempo.

Recuerdo una vez que planeaba la adquisición de un edificio, lo amueblé (en mi mente), lo imaginé el día de la inauguración y vi el proyecto terminado antes de empezar. Estaba en la ruta de salir en falso.

Luego surgió la oportunidad de comprar un edificio. ¡Y me desboqué! Creí que Dios me decía: «Este es, muchacha.» Creí incluso escuchar la voz de Dios (en mi espíritu) diciéndome que comprara algunas cosas como si ya fuera la dueña del edificio. Compré cortinas, utensilios de cocina, platos, arreglos florales y velas para este nuevo lugar. Sabía que Dios quería decir *ahora*.

Sin embargo, mis planes para ese nuevo edificio nunca dieron resultados. Agoté todos los recursos para comprarlo, pero solo experimenté inconvenientes, pruebas y obstáculos: demasiadas salidas en falso. Aun así, como soy la dama salta obstáculos, hasta escribí un libro sobre eso pues me considero una autoridad en el asunto.

Al final, me impacienté y me enojé un poco por tanta dificultad. Cuando volví a mis cabales, le pregunté a Dios lo que sucedía. Le pedí que me quitara totalmente de mi mente el deseo por ese

163

edificio, si esa no era su voluntad para mí. Casi al instante el deseo por aquel lugar desapareció. ¿No es esto impresionante? Agonizaba por unos planes que no estaban ni en el tiempo ni en la voluntad de Dios. Actuaba por mis propios impulsos. Gracias a Dios que siguió gritando: «¡Salida en falso!»

Cuando no obtuve el edificio que presuntamente debía tener, esperé hasta diciembre de 1997 para que Dios me concediera lo que él me prometió: cuatro años después. He aquí lo que pasó. El dueño del edificio que había estado ocupando me dijo que iba a aumentar el costo del alquiler por más de cincuenta por ciento.

Así que unos días después de la noticia empecé a dar vueltas por allí buscando anuncios de venta o alquiler. Mientras conducía, el Espíritu Santo me preguntó: ¿Por qué pierdes el tiempo? Ya tengo un edificio para ti. Me detuve de inmediato, di la vuelta y me fui de compras al supermercado.

La noche siguiente, estaba hablando con algunos de los miembros de la familia sobre el problema. Uno de ellos dijo: «Sabes, la casa que está en Cedar Crest está vacía.» Me puse en contacto con los propietarios y en tres semanas mi oficina estaba reubicada en unas instalaciones bellísimas que Dios nos preparó… ¡antes que se me ocurriera tener un edificio! Cuando llegó el tiempo adecuado, fue el momento de salir y echarse a correr.

Dos impacientes personajes en la Biblia supieron bien lo que es una salida en falso y las consecuencias que eso trae. ¿Se acuerdan de la hermana Sara y el hermano Abraham? Dios les dijo a ambos que tendrían un hijo. Pero a Sara la consumió la impaciencia debido a la espera de casi un siglo y le dijo a Abraham que durmiera con su sierva Agar.

Abraham no le dijo a Sara que esa podía ser una salida en falso. Es más, al parecer no le molestó la idea. Agar concibió un hijo y debido a las costumbres de la época el muchacho era propiedad de Sara. Sin embargo, esto no tuvo un final feliz. Agar, la madre natural, ridiculizaba a Sara porque esta no podía concebir.

Entonces Sara se irritó y culpó a Abraham por todo el problema. Ella dijo: «¡Tú tienes la culpa de mi afrenta!»

Abraham, que también era impaciente, contestó: «Haz con ella lo que bien te parezca.» Así que Sara maltrató a Agar y esta huyó al desierto.

Dios le había dicho a Abraham que sería padre de muchas naciones. El plan de Dios era bendecir a Sara con un hijo, pero esta ya tenía noventa años y Abraham cien antes que Isaac naciera. Admito que yo quizá me hubiera frustrado también, pero Sara y Abraham se habrían ahorrado un montón de sufrimientos si no hubieran dado una salida en falso al querer tomarle la delantera a Dios.

¿Alguna vez tuviste un sueño o una idea creativa que según tú provenía de Dios? Si viniera de Dios, nos diría que lo hiciéramos ya, ¿no es así? Debes estar pensando: *¡Ah, qué Dios tan bueno! Espera que use mi intelecto, mi capacidad académica, posición, situación, logros alcanzados para tomar el control de la situación y conseguir lo que busco. Soy un ser humano lógico y analítico y sé lo que haré...*

Cuando rendimos nuestra voluntad al Padre, como lo hizo Jesús, no nos debe preocupar cómo saldrán las cosas. Dios nos promete lo mejor. Esperar es difícil, lo sé. Pero las salidas en falso no conducen a nada bueno.

«*Padre, mientras trato de hacer tu voluntad, suelo hacer salidas en falso. Gracias por la paciencia que tienes conmigo y por tu protección. En realidad, no se trata de hacer algún daño. Cuando esté a punto de salirme del carril, ayúdame a permanecer en el buen camino. Amén.*»

VIVO DE NUEVO

Luci Swindoll

✗❤✗❤✗❤✗❤✗❤✗❤✗❤✗❤✗❤✗❤✗❤
Toda buena dádiva y todo don perfecto descienden de
lo alto, donde está el Padre que creó las lumbreras
celestes, y que no cambia como los astros ni
se mueve como las sombras.

SANTIAGO 1:17

Este gozo que tengo, el mundo no me lo dio,
Este gozo que tengo, el mundo no me lo dio.
El mundo no me lo dio...
Y el mundo no me lo puede quitar.

¡Ah, mis hermanas, escuchen! He cantado esta canción por días en la casa, en la calle, en el supermercado y en los restaurantes. Por todos lados. «Este gozo que tengo yo» se convirtió en mi cántico favorito. Thelma me lo enseñó, pero Dios es quien me dio el gozo.

Esto fue lo que sucedió: Por quince años he padecido de apnea, un trastorno que hace que uno deje de respirar en las noches por largos períodos. Cuando son más de la cuenta, la persona se despierta sin cesar haciendo un gran esfuerzo por respirar. Esto implica muy poco tiempo de sueño. Nunca se logra el movimiento rápido del globo ocular, el sueño más profundo y necesario de todos.

Hace poco pasé la noche en una clínica de sueño y me di cuenta que en ciento dos minutos del llamado «sueño», me desperté ciento veintitrés veces y ochenta y siete de esas veces eran ataques de apnea, en los que luchaba por respirar. Me sorprende que no muriera en algún momento de esos.

En vez de morir, dormí durante la mayoría de las horas que tenía que estar «despierta». Dormía mientras hablaba por el teléfono o al hablar con alguien. Dormía mientras escribía, leía o conducía. Dormía frente a la computadora, estando de pie, haciendo fila o sentada en una silla. Me dormía en las reuniones, mientras comía, en los vehículos en movimiento o aunque estuvieran estacionados. Me dormía a la mitad de las oraciones, me dormía en las fiestas y en la quietud de mi casa, en mi escritorio, de pie al lado de la cocina. Dormía todo el tiempo y provoqué que mis seres queridos se preocuparan.

Me suplicaron que buscara ayuda, pero lo pospuse porque pensaba que iba a mejorar, que la anormalidad desaparecería o que Jesús vendría.

Ahora sabemos que en realidad no dormía, ni de día ni de noche. Solamente dormitaba y aun lo hacía en la plataforma de Viaje de Gozo. Mi mayor temor era la posibilidad de dormirme durante mi tiempo de predicar. No sucedió así y todos lo consideramos un milagro.

Entonces me llené de valor, llamé a un especialista y encontré la cura. Se trata de un equipo insignificante enviado del cielo, que utilizo como una máscara sobre mi nariz y que me permitió respirar profundamente por primera vez en casi dos décadas. ¡Al fin pude dormir! El aire llega a través de la nariz así que no hay ruido de la boca. No puedo bostezar, hablar, roncar ni tragar aire cuando uso la máscara. Lo único que puedo hacer es dormir... ¡Es maravilloso!

¿Y qué importa si me veo divertida? Y ¿qué importa si duermo con un tubo de aire pegado? Y ¿qué importa si aumento mi equipaje de mano al tener que llevar otra bolsa? Muchachas, no me importa porque duermo... ¡Y eso es fabuloso!

Si pospones algo que sabes que necesita atención, no lo hagas más. Levántate y haz una llamada telefónica que cambiará tu vida. Alza tu mano y toma el regalo que Dios quiere darte. No te demores más. Los regalos de Dios son buenos y perfectos.

Soy una mujer nueva. Vivo otra vez, canto, bailo y reboto hasta el cielo raso. Estoy desgastando a mis amigos. ¡Bueno!, quizá tenga que conseguirme un nuevo grupo de amistades, uno que tenga más energía.

«Este gozo que tengo yo, el mundo...»

«Padre, gracias porque tus regalos son buenos y perfectos. Gracias por tu provisión para nosotros. Haznos responsables y diligentes cuando necesitamos hacer algo, y ayúdanos a hacerlo ahora. Amén.»

INQUIETUD POR LO QUE NO SE VE

Marilyn Meberg

✖♥✖♥✖♥✖♥✖♥✖♥✖♥✖♥✖♥✖♥✖♥
No se inquieten por nada.
FILIPENSES 4:6

«Aquí, señora, tengo un tenedor y una cuchara para usted.» Miré la carita redonda del niño, un pequeño entre cinco o seis años, a quien miraba con recelo aun antes de tomar mi lugar en la fila de la cafetería. Montaba guardia junto al recipiente de los cubiertos, mientras su distraída madre rebosaba su plato con macarrones y queso. Lo que hacía era entregarle los cubiertos a quien los tomara. El gesto en sí era inocente y en verdad agradable. Lo que me incomodaba era cómo tomaba los cubiertos, no por los mangos, sino por donde finalmente entrarían a mi boca. Tengo un problema de «germenitis», así que mis sentimientos estaban divididos, entre no herir su susceptibilidad y no querer encontrar cualquier tipo de gérmenes de las manitas tan sucias.

Mientras me le acercaba tuve una idea brillante. Me agaché y en secreto le susurré al oído que no necesitaba los cubiertos porque siempre comía con las manos.

—¿De verdad? ¿Tú mamá te deja hacer eso? —me dijo con sus ojos abiertos con envidia.

—Ella no ve muy bien y por lo general no puede distinguir lo que hago —le dije, haciéndole señas con mi cabeza en dirección a Luci.

Entonces miró a Luci y después me miró y dijo:

—¡Caramba, qué gran mamá tienes!

Mientras me dirigía a mi asiento, repasé en mi mente otra vez el porqué no me gustan las cafeterías. Aunque no hubiera allí unas manitas sucias y bien intencionadas, sí habría otras personas con condiciones higiénicas cuestionables y todas tocaban los mangos de las cucharas. Noté que algunas personas al salpicársele las manos con salsa... se las lamían y después con sus dedos recién lavados con la saliva, tomaban la próxima cuchara. ¿Cómo podría saber que no tenían gérmenes infecciosos en la boca y que estas bacterias no se alojarían en los mangos de las cucharas que esperaban por mí?

Está bien, quizá estas personas no tenían la boca sucia, pero tal vez tenían un periquito con diarrea cuya jaula acababan de asear antes de venir a la cafetería. ¿Y qué del muchacho que tenía una camisa con el emblema de la «Funeraria Nacional», que buscaba en el recipiente del pollo frito un muslo? ¿Era cosa de mi imaginación que esos muslos de pollo quedaban tiesos cuando los tocaba?

—¿Desde cuándo tienes este problema con los gérmenes? —me preguntó Luci al ver que comía con una enorme cuchara que encontré en un recipiente escondido detrás de la máquina de helados.

—Desde el sexto grado.

—¿Qué pasó en el sexto grado?

—Nuestro maestro de ciencias nos dijo a todos que tocáramos una esponja que estaba especialmente tratada y al día siguiente comprobamos que durante la noche crecieron en ellas diferentes bacterias, y vimos cómo se desarrollaban en varios colores y figuras horribles. Desde entonces, no fui la misma.

Luci bajó lentamente su tenedor y lo estudió por un segundo. Entonces, con renovado entusiasmo declaró:

—Si esos gérmenes no me atraparon hasta esta etapa de mi vida, no creo que lo hagan ahora.

Su respuesta tan apropiada me hizo pensar que el temor a las cosas que no se ven y la preocupación por el daño potencial que puedan causar me robaban mi gozo. Por supuesto, uno debe observar hábitos higiénicos saludables, pero si esto se lleva a los extremos, pueden conducirnos a luchar con una enorme cuchara en una cafetería donde hay cubiertos de tamaño adecuado. Pero no solamente eso. También Dios creó en cada uno un sistema inmunológico eficaz y milagroso para combatir las consecuencias de aquellos deditos traviesos.

Fortalecida por esos pensamientos alentadores, me encaminé hacia donde estaban los tenedores. Aunque debo admitir que esta valiente acción se apoyó al notar que hacía diez minutos que nuestro amiguito había desaparecido del lugar donde estaban los cubiertos... estaba terminando los macarrones que su madre dejó.

«Señor, muchas experiencias en nuestra vida nos inquietan y nos roban el gozo. Ayúdanos a podernos mantener todo en la perspectiva adecuada y a poder descansar en tu provisión. Gracias por tu paciencia y por tu amor durante esas ocasiones cuando nuestros pensamientos se trastornan. Gracias por traernos de regreso al lugar preciso "donde no nos inquietamos por nada". Amén.»

PODRÍA SER UNA BUENA CRISTIANA SI...

Sheila Walsh

✗❤✗❤✗❤✗❤✗❤✗❤✗❤✗❤✗❤✗❤✗❤

No entiendo lo que me pasa, pues no hago lo que
quiero, sino lo que aborrezco.

ROMANOS 7:15

Podría ser muy piadosa, ¡si la gente no se metiera conmigo! Lo que me fastidia es tratar con los humanos.

Esta lucha se hizo más patente cuando Barry, Cristian y yo volamos hacia Tulsa a una conferencia de Mujeres de Fe. Queríamos llegar el jueves por la tarde o temprano en la noche, pero el mejor vuelo que pudimos encontrar nos dejaba en Tulsa a las diez de la noche. Cristian se portó bien durante el viaje, pero lo único que podíamos decir, mientras esperábamos por nuestro equipaje en el aeropuerto, es que estaba muy cansado. Se nos dijo que el hotel iba a enviar un microbús de cortesía para recogernos porque teníamos muchas cosas, en especial artículos para bebé. Pero ni rastros del microbús. Finalmente, apareció nuestro equipaje. Barry llamó al hotel por si acaso se les había olvidado nuestro arreglo, pero por el movimiento de su cuerpo sabía que se estaba enojando.

Me arrodillé cerca del cochecito del bebé y dije: «Esto es cuando los papás quieren que las mamás se hagan a un lado», dije. «Así que mejor esperemos aquí.»

Después de quince minutos, Barry se nos acercó. Estaba sumamente disgustado y dijo. «El tipo de la recepción dijo que estaban muy ocupados y que debíamos tomar un taxi. Cuando le dije que teníamos muchas cosas para el taxi y un bebé de seis meses, me contestó: "Ese no es mi problema", y colgó.»

«Qué grosero», le dije. «Bueno, tomemos dos taxis.» Así que nos metimos en dos taxis y cuando llegamos al hotel, Barry entró y le habló al administrador de turno. Cristian y yo decidimos esperar afuera. Después de un rato, como Barry no aparecía, entramos a ver que sucedía. Estaba en el mostrador discutiendo con dos empleados del hotel y pude escuchar uno de los insultos que le dirigieron. Algo en mí explotó. Caminé rápidamente al mostrador y le dije al empleado colorado que era un tonto. Tomamos nuestras llaves y nos fuimos a la habitación.

Cuando el bebé estuvo listo para dormir, corrí para el baño. Una vez que me apacigüé con el agua, empecé con una letanía de razones por las que resulta tan difícil ser cristianos… y todas las razones se relacionaban con la gente. En el momento en que estaba a punto de expresarle a Dios mi ira, de qué ofensivas pueden ser las personas, me di cuenta que solo racionalizaba mi propio comportamiento. Me sobrecogió lo que le dije a los dos empleados.

De inmediato pensé: Estoy aquí para la conferencia de Mujeres de Fe. ¡Estoy aquí para hablar sobre el amor de Dios y acabo de llamar tonto a aquel muchacho! ¿Cómo puede ser posible que suba a la plataforma mañana por la noche? Me sentí muy hipócrita.

Así que hice lo que debía en aquel momento: me arrojé a la misericordia de Dios y le pregunté qué podía hacer ahora. Su respuesta era tan clara como el día después de la lluvia. Dios no me habló con una voz audible, pero sabía que me decía que saliera del baño, me vistiera, bajara y pidiera perdón. Me sequé, me puse unos vaqueros y una blusa y fui hasta la puerta.

—¿Adónde vas? —preguntó Barry, al parecer preocupado porque tal vez yo estaba lista para el segundo round con el empleado.

—No hay problemas, mi amor —le dije—, vuelvo enseguida.

Me dirigí por los pasillos hasta el elevador, ya era después de la media noche y no habíamos comido en mucho rato. Me había quitado todo el maquillaje y parecía como si hubiera estado en un choque de trenes. Las puertas se abrieron en la sala de recepción y caminé hacía el mostrador. Los dos hombres estaban allí con los brazos cruzados, viéndome mientras me acercaba.

—He bajado a pedirles que me perdonen —les dije—, lo que les dije fue indebido y lo siento.

Me vieron como si estuviera confesando haber matado a John Lennon.

—Yo también lo siento —me dijo finalmente uno de ellos.

Eso era todo lo que quería oír. Podría bajar volando los quince pisos por las escaleras (en sentido figurado, por supuesto). Bajé al vestíbulo sin gozo y cargada con mi pecado, pero regresé a mi habitación más liviana que el aire porque me perdonaron.

No les cuento esta historia para sugerir que estoy orgullosa de lo que pasó. Lejos de eso, me duele profundamente cuando deshonro a Dios con mis acciones, pero quiero que sepan que ninguna de nosotras está sola en sus luchas. Cuando, como el apóstol Pablo, hacemos las cosas que no queremos, perdemos la oportunidad de hacer lo bueno. ¿Tienes problemas al llevar la vida cristiana debido a los demás? Tal vez, como yo, debes examinar qué responsabilidades tienes en tal o cual situación. ¿Qué pasos debes tomar para estar bien con Dios y reconciliarte con las personas que ofendiste o heriste?

«Señor Jesús, he cometido muchos errores. Gracias porque me perdonaste y limpiaste. Gracias por amarme. Ayúdame a corregir cualquier equivocación que haya cometido. Amén.»

¿Q-H-J? ¡AMAR!

Bárbara Johnson

✘❤✘❤✘❤✘❤✘❤✘❤✘❤✘❤✘❤✘❤✘❤

[Ámense] los unos a los otros. Así como yo
los he amado, también ustedes deben
amarse los unos a los otros.

JUAN 13:34

Un increíble fenómeno barre la nación. Es algo simple y muchos pueden decir que ni siquiera es nuevo, pero de costa a costa la gente joven y los viejos se adornan con lo último de la moda, un brazalete que consiste en nada más que tres letras: QHJ.

Por supuesto que hay un secreto detrás de las letras; son una interrogante, una simple pero poderosa idea que tiene la capacidad de realizar cambios extraordinarios en quienes entienden lo que las tres letras significan. En el momento en que el ojo enfoca y el cerebro entiende, las letricas pueden cambiar el enojo por paciencia, apatía por interés, intolerancia por tolerancia, severidad por bondad... el poder es ilimitado.

¿Qué significan las letras? Son una pregunta: «¿Qué haría Jesús?» ¿No le ayudaría a los heridos, a los solitarios, a los cautivos por el pecado y desechados por otros? ¿No sería bondadoso, paciente, amoroso, con los samaritanos modernos que están en desacuerdo con los valores cristianos? Si aplicamos esas tres letras a nuestras reacciones hacia los demás, encontramos una respuesta que sana nuestras relaciones, promueve unidad y desaprueba las diferencias. La pequeña frase puede ser el aceite en aguas turbulentas.

El poder de esta preferencia ha obrado maravillosamente en mi vida muchas veces. El ejemplo que más recuerdo ocurrió en el tiempo de descanso, la tarde de un sábado durante Viaje de Gozo, cuando todas las mesas (con los libros de los oradores) las rodeaban mujeres que querían comprar un libro, un calendario o cualquier otro recuerdo de esta inolvidable ocasión. Mientras hablaba con las clientas y alegremente vendía libros, sentí de pronto un tirón en mi manga. Una de mis amigas que me ayudaba en la mesa se había agachado donde estaba un grupo de libros, e inclinándose, con su cabeza baja de... cielos, ¡dos hombres! Encontrarlos allí en el bullicioso mar de mujeres arremolinándose alrededor de la mesa de libros era como encontrar una aguja en un pajar. Tremenda sorpresa.

Sin despegarles la vista, la ayudante me haló la manga mientras los seguía escuchando. La volví a ver y a los jóvenes les lancé mi mejor sonrisa, pero las sonrisas que me devolvieron eran rígidas y con dolor. Mi corazón se estremeció en mi pecho. Ya había visto esa mirada antes.

—Hablemos —les dije.

De alguna manera pudimos salir entre la multitud como los salmones que nadan contra la corriente. Por fin, llegamos a un lugar tranquilo en una esquina del pasillo del anfiteatro. Allí, rápidamente, me contaron sus historias. Los dos eran homosexuales y eran VIH positivo. Uno ya tenía el SIDA desarrollado. Habían crecido en hogares cristianos, pero ahora sus familias los rechazaban por homosexuales. Mientras trabajaban como acomodadores en la conferencia, me oyeron hablar sobre mi propio hijo homosexual. Había aprendido a través de dolorosos errores que la única cosa que podía hacer para ayudar a mi hijo era amarlo con el mismo amor que Jesús me amó a mí. Hace mucho tiempo me di cuenta que había una división de trabajo: el de Dios es arreglar a mi hijo y el mío es amar a mi hijo.

—Hemos ido a la iglesia, pero lo único que oímos allí es que nos vamos a ir al infierno —dijo uno de ellos con tristeza.

—Jesús los ama —les dije—. Dios los ama; ustedes son sus criaturas y yo los amo también.

—Nadie nos ha dicho eso antes —respondió uno de los muchachos en voz baja y temblorosa.

Detrás de esos jóvenes, mi acompañante señalaba hacia el auditorio, se tocaba el reloj y balbuceaba las palabras:

—Tenemos que irnos.

Los tomé en mis brazos, incliné mi cabeza cerca de las de ellos e hice una oración corta. Mientras los abrazaba, el broche del pequeño botón que llevaba me pinchaba la piel, recordándome este mensaje: «Alguien a quien Jesús ama tiene SIDA.» ¡Qué privilegio que Dios usara mis brazos para confortar a estos tristes jóvenes!

Mientras corría al auditorio, escribía los números de sus teléfonos en mi mano, mi agenda más común, y prometí llamarlos por la noche. Hablamos casi dos horas y me pidieron que llamara a sus madres y así lo hice. Mi mensaje a ellas fue la misma pregunta: ¿QHJ?

La respuesta, lo sé ahora, es amar.

«Amado Jesús, la respuesta es muy simple. Recuérdame siempre hacerme la pregunta y hacer lo que tú harías. Amén.»

PERDIDOS EN ACCIÓN

Patsy Clairmont

✗♥✗♥✗♥✗♥✗♥✗♥✗♥✗♥✗♥✗♥✗♥
Mi pueblo ha sido como un rebaño perdido.

JEREMÍAS 50:6

¿Sabes de lo que estoy cansada? Claro que no lo sabes, pero lo pregunto para así poder decírtelo. Tengo que decírselo a alguien porque comprime mis deteriorados nervios. Estoy cansada de buscar cosas. Por fin lo dije. Gasto un caudal de energía (mental y física) buscando cosas perdidas, fuera de lugar o escondidas. Encuentro que esta cacería es frustrante, enloquecedora y a menudo innecesaria.

Toma mis gafas. Es mejor que lo hagas; de todas maneras alguien lo hace siempre que me las quito. Por lo general, tengo que pedir la ayuda de mis familiares para que registren por todos lados para encontrar mis bifocales. Mi familia piensa que debería de contratar mi propio batallón de rastreadores por la frecuencia con que busco ayuda para encontrar mis pertenencias. Temo que tengan razón.

Llaves, carteras y papeles importantes... me evaden. Sé que no pueden caminar solos, pero a veces me pregunto si será el duendecillo que sin cesar golpea dentro de mi reloj el que tiene que ver con mi constante dilema. Tal vez tenga una puerta secreta y él y su hermano registran mis pertenencias y se dan prisa en esconderlas. Está bien, está bien. Sé que es mi personalidad despistada y no el duendecillo del reloj.

Aquí hay algo que me puede ayudar a mí y a los que se les pierden las cosas: velcro. Más específicamente: cuerpos velcros. Piénselo. En vez de quitarme y ponerme mis gafas, las presiono en la parte posterior de mi brazo. Luego, cuando las necesite, allí las tengo. Lo mismo con las llaves. Podría presionar las llaves de mi auto tras una oreja y las de mi casa detrás de la otra oreja. Práctico, al instante, y al alcance de la mano en el momento preciso.

Por supuesto, esto de los velcros puede complicarse, sobre todo cuando las personas se dan la mano o, peor todavía, cuando se abrazan. ¿Y que tal si adherimos nuestras gafas a otra persona sin darnos cuenta?

Ah, olvídense. Sigamos con el asunto.

El velcro, de cualquier modo, no podría ayudarme con mis direcciones. En primer lugar, pierdo los números. Simple y llanamente se esfuman por mi cerebro como el dinero entre mis manos.

Segundo, no tengo la menor idea de dónde está el norte, el sur, el este y el oeste. Y tercero, me alejo del punto central, y cuando estoy bajo presión, no sé la diferencia entre mi derecha y mi izquierda. Ahora, en un día tranquilo, eso no es problema. Sin embargo, cuando busco calles específicas y el tránsito es pesado, se me conoce como la que se mete en las calles en sentido contrario, ¡todos vienen en mi contra!

Nada es peor que no saber dónde estás. Recuerdo una vez que viajaba hacia un aeropuerto del sur de California y esperaba que alguien me recogiera. Nadie llegó, y para colmo de males, no sabía los nombres de las personas que tenían que recogerme. Después de una larga espera, los mozos de estación se dieron cuenta de mi presencia y se preocuparon. Hasta paraban a todo vehículo que pasaba despacio frente a la salida y preguntaban si me buscaban. Estaba roja de la vergüenza.

Lo que ocurrió fue que la persona que debía recogerme estaba esperando en otro aeropuerto. Los mozos de estación tiraban monedas al aire, cara o cruz, para ver quién me iba a adoptar. Por fin me llamaron por los altavoces y la mujer con quien hablé se sintió aliviada de encontrarme diciendo que estaría allí lo más pronto posible. Así que, después de otra hora, los mozos prorrumpieron en aplausos al verla. Corrieron a buscar mis maletas, las llevaron al auto y no quisieron aceptar la propina. La oveja perdida encontró su pastora.

Gracias a Dios tenemos un Pastor: y él no nos espera en el aeropuerto equivocado. Es el buen Pastor que buscará las ovejas perdidas y las traerá de regreso a la seguridad del redil. Promete que nunca nos dejará ni nos desamparará. Es aquel que se mantiene más cerca que un hermano (o el velcro).

«Gracias, Señor, por entender cuán perdidos estamos… y por nunca cansarte de buscarnos. Amén.»

ARMONÍA

Thelma Wells

✖❤✖❤✖❤✖❤✖❤✖❤✖❤✖❤✖❤✖❤✖❤

Estén siempre alegres, oren sin cesar.

1 TESALONICENSES 5:16-17

Si hubiera podido hacer las cosas a mi modo cuando mis tres hijos crecían, los hubiera escudado contra todo problema. Por ellos hubiera quebrado dientes, cortado mi cabeza, raspado mis rodillas, peleado sus pleitos, llevado el dolor de sus corazones, sanado sus relaciones, administrado sus finanzas, sufrido sus dolores y los hubiera guardado de desilusiones.

Pero la vida no es así. La gente tiene que soportar sus dificultades. Es evidente que ninguno de estos problemas hizo daños irreparables en mis hijos, pues casi todo lo han hecho muy bien. Mientras pienso lo que podría haber ocurrido si hubiera tomado sus dolores, no puedo evitar decir esto: «¡Los habría convertido en adultos tontos!» He aprendido que puedo llevar sus dolores a Alguien que sí puede hacer algo con ellos.

Recuerdo una vez cuando Vikki estaba en el colegio y llamó a casa, muy confundida sobre su autoestima y su relación con Dios. Las preguntas que hizo me dejaron perpleja y no tenía la respuesta adecuada.

Mi corazón sufría porque no sabía qué decir que pudiera darle el ánimo que necesitaba. Así que hice más o menos esta oración: «Señor, no sé cómo orar por mi hija; ni siquiera entiendo cómo llegó a este punto. Siempre tuvo confianza en sí misma, es fuerte y segura en ti. Ayúdame para poder ayudarle. Por favor, dime qué hacer, qué decir y cómo responderle. Padre, me siento indefensa.» La oración continuó por no sé cuánto tiempo. Cuando terminé, abrí mis ojos y vi un libro en el librero que estaba enfrente de mí. Era el libro de Zig Ziglar, *Nos Veremos en la Cumbre.* Tomé el libro y se lo envié por correo a Vikki, aunque no lo había leído todo ni recordaba de qué se trataba. Sin embargo, se lo envié de todas maneras pensando en la posibilidad de que Dios pudiera usarlo en su vida. Unos días después, mi hija llamó y dijo: «Mamá, gracias por enviarme el libro. Literalmente ha cambiado mi vida. Encontré la respuesta a todas las preguntas que tenía.»

No pude resolver su incertidumbre, pero pude tomar su dolor para llevarlo a Aquel que sabía cómo traerle sanidad y lo hizo a través de un método que jamás se me hubiera ocurrido.

Tengo momentos similares de intensa oración por mi hijo y por mi otra hija. Como madre, encuentro solaz en la oración por mis hijos durante los buenos y los malos tiempos. Es más, cuando nuestros hijos se sienten heridos o desilusionados, confundidos o tristes, a nosotros también nos duele. Creo que sentimos sus dolores tan profundamente como ellos.

Para ayudar a mis hijos y a mí misma a mantenernos enfocados en cómo tratar los problemas, les pregunto si escucharon música de adoración antes de llamarme para hablar de sus preocupaciones. Algunas veces lo hicieron, otras no. Si no lo hicieron, les digo que lo hagan y me llamen después, siempre y cuando no sea una emergencia.

Considero que la mejor forma de ponernos en una buena actitud para orar es escuchar música que te disponga en un espíritu de adoración. Como respuesta, quita el problema de tu mente y te ayuda a centrarte en el que resuelve el problema. Esto trae armonía a tu alma.

Mientras espero que me llamen de nuevo, sigo mis propias instrucciones. Canto, escucho música de alabanza y oro. Casi siempre cuando me llaman de nuevo, ambos estamos en armonía el uno con el otro y con el Señor. Se nos insta a orar sin cesar porque las oraciones afirman el poder de Dios en nuestras vidas. Cuando fallamos al orar, no engañamos a Dios, nos engañamos a nosotros mismos. Me gusta la siguiente oración porque me recuerda que puedo orar por cualquiercosa.

Dame una buena digestión, Señor,
Y también algo para ingerir;
Dame un cuerpo saludable, Señor,
y que pueda mantenerlo en excelente condición,
Dame una mente saludable, bondadoso Señor,
Para mantener en la mira lo bueno y lo puro,
Cuál, pecado visto, no es espantoso,
Pero encuentras cómo ponerlo en su lugar.
Dame una mente que no se aburra,
Que no gima, lloré, ni suspire;
No permitas que me preocupe mucho,
de la cosa molesta llamada «yo».
Dame un buen sentido del humor, Señor,

Dame la gracia de apreciar un chiste,
De lograr gozo en la vida
Y dárselo a otra persona.

DEL LIBRO DEL REFECTORIO
DE LA CATEDRAL DE CHESTER, INGLATERRA

A menudo no es posible proteger a nuestros seres amados de las consecuencias de sus problemas. Sin embargo, orar para que puedan enfrentar esos problemas es apropiado y puede beneficiarlos a ellos y a nosotros también. Si intentas asumir la responsabilidad de los problemas de otros, ora por ellos y ora con ellos, sin cesar.

«Padre, has hecho posible que podamos estar siempre en contacto contigo, dondequiera que sea. Aun nuestros pensamientos pueden ser oraciones, lo cual nos permite orar sin cesar. Gracias porque siempre estás listo y nunca andas de vacaciones. Gracias, también, por permitir que el Espíritu Santo ore por nosotros cuando no sabemos cómo orar. Amén.»

LIBERTAD A CAMBIO DE NADA

Marilyn Meberg

✗❤✗❤✗❤✗❤✗❤✗❤✗❤✗❤✗❤✗❤
Pero ahora, al morir a lo que nos tenía subyugados,
hemos quedado libres de la ley, a fin de servir a Dios
con el nuevo poder que nos da el Espíritu, y no por
medio del antiguo mandamiento escrito.

ROMANOS 7:6

Una de mis actividades favoritas en la vida es leer. Crecí en una comunidad rural donde había pocas bibliotecas y me entusiasmaba mucho cuando la biblioteca ambulante venía a mi pueblo cada dos semanas. Con mis libros atados a la parte trasera de mi bicicleta, pedaleaba con entusiasmo dos kilómetros hasta donde se estacionaba la biblioteca, al final de la calle Williams. Feliz y resuelta, y con una buena carga de material de lectura para el verano, pedaleaba de regreso a casa, subía por la escalera hasta mi casa del árbol y me acomodaba con mis nuevos amigos: los libros.

Ya como adulta, casi todo lo que leo es lo que llamo lectura con «significado». O sea, para mejorar la vida, enriquecer el espíritu o para ampliar mis conocimientos. No obstante, hace casi un mes experimenté un regreso al pasado, a los días de la biblioteca ambulante. Debido a un retraso inesperado en mi vuelo de regreso de Dallas a Palm Spring, deambulaba por la librería del aeropuerto con la intensión de comprar un libro ameno y fácil, ya que había leído todo lo que tenía conmigo.

Me tropecé con un libro en rústica que parecía atractivo y me permitiría mantener el bolígrafo en mi cartera. (Rara vez puedo leer sin un bolígrafo en la mano porque cuando encuentro una palabra, una oración o un párrafo impactante, tengo que subrayarlo, hacer notas al respecto o algunas veces escribir en los márgenes algo para el autor.) Al parecer, este libro no era sugerente, pero tampoco parecía aburri-do, una gran combinación para el momento.

Varias horas después, mientras aterrizábamos en Palm Spring, terminé el libro y sonreí. «Marilyn», dije, «¿cuándo fue la última vez que disfrutaste una lectura placentera? ¿Por qué no haces eso más a menudo? ¿Por qué piensas que pierdes el tiempo si no lees a Philip Yancey, Eugene Peterson o Henri Nouwen? (Solo para empezar…) ¿Qué es lo que siempre te impulsa a ser productiva? ¡Olvidaste aquellas tardes cuando estabas en la casa del árbol tendida y flotando hasta donde la imaginación de tus libros te llevaba?»

Un movimiento brusco, semejante al del avión al parar en seco en la entrada, me golpeó al darme cuenta que me había conformado a pensamientos legalistas sobre mis hábitos de lectura. No disponía de tiempo para leer, a menos que las lecturas contribuyeran a mi crecimiento espiritual o intelectual. Me salí un poco del balance y sospeché que hacía mucho tiempo que pensaba de esa manera. ¡Qué perdida!

Disfruto mucho al leer material importante; no es un agobio ni una carga. Pero no permitirme leer otro tipo de material revelaba una mentalidad un poco estrecha y poco balanceada.

En un esfuerzo por recuperar el balance, decidí que de ahora en adelante disfrutaría en los aviones la lectura no «importante». Esta decisión, sin embargo, no prueba que carece de problemas. En mi último viaje me vi incómodamente leyendo *Mujeres De Tiempos Antiguos* en vez de *Meditación Sanadora para la Vida*, ya que la aeromoza asistió a una de mis conferencias y se benefició de una de ellas. Me vi también ocultando mi libro entre las páginas de una de las revistas *Mujeres Cristianas de Hoy*, por si acaso veía el título de mi libro y pensara que soy una mujer superficial. Bueno, al menos tuve el tino de dejar *¿Tienen Rodillas los Pingüinos?*, en mi portafolio.

Quizá algunas de ustedes, al igual que yo, se estén perdiendo alguna actividad recreativa que no tenga otro propósito más que darse un respiro en la vida orientada al trabajo. ¿No sería divertido que a veces no produjéramos, ni alcanzáramos nada, ni contribuyéramos con nada? Tal vez eso significa leer un libro que no requiera un bolígrafo o tal vez sea ir a un centro comercial, o dar un paseo (no trotar) por el parque. Las posibilidades para no hacer nada son interminables.

«Señor Jesús, es muy liberador saber que me amas por lo que soy y no por lo que hago. Soy libre de las leyes que imponían requisitos para que me aceptaras. Ahora, por tu gracia, soy perfecta a pesar de mi imperfección. Enséñame a descansar y disfrutar de la vida en el mundo que me has puesto. Restaura mi gozo mientras me doy el lujo de mi libertad "del antiguo mandamiento escrito". Amén.»

EQUIVOCADA

Patsy Clairmont

✘❤✘❤✘❤✘❤✘❤✘❤✘❤✘❤✘❤✘❤
Considera mi aflicción, y líbrame.

SALMO 119:153

He estado haciendo la cosa más ridícula y créame que no me ha añadido ni una pizca de gozo. Soy una niñera. No, no crea que de un regordete cachetudo. Me gustaría que este fuera el caso. Cuido a un perro, pero no a uno de esos que retozan con entusiasmo porque eso me daría risa. Tampoco es un perrito viejo de esos que se enrollan a roncar en una esquina. A lo mejor disfrutaría teniendo algo así, o quizá me las arreglaría con uno de esos gruñones que les encanta morder las patas del sofá.

En lugar de esto, lo que cuido es una mascota virtual. Ajá, leyó bien. Correteo por el ciberespacio, si se puede decir así, tratando de cuidar a esta cosa sin nombre, sin título, a este híbrido con monitor.

Todo empezó cuando vi unos de esos compañeros de juegos futuristas que colgaban inofensivamente de una pared en una tienda de mi pueblo. Estos artículos eran de tamaño de bolsillo y prendidos de manera conveniente a un llavero.

Íbamos a visitar a nuestro sobrino Josué y pensé que esto podría ser un buen regalo para él. Eso fue antes de activar la computadora del cachorro.

Durante el largo viaje para ver a Josué (ochocientos sesenta y nueve kilómetros), decidí tratar de averiguar cómo funcionaba la mascota y así poder enseñarle a Josué. Abrí el paquete, presioné el botón para encenderla y me recosté para leer las pequeñas letras de las instrucciones. Bueno, después de quinientos sesenta y tres kilómetros, aún trataba de entender las instrucciones. (No me ayudó la cinta adhesiva que las cubría en parte. Sin embargo, no estoy segura de haber podido entenderlas aun teniendo todas las instrucciones.)

Puesto que no pude «entender», el dispositivo de sonido seguía atormentándome. Sin embargo, comprendí lo suficiente como para darme cuenta que este sonido me indicaba que debía hacer algo por este animal animado. Pero por Dios, ¿qué debía hacer?

Aprendí durante el viaje que una vez activado este objeto tenía la responsabilidad de la vida de este perro (¡qué carga!). Esto sig-

183

nificaba que si no lo vigilaba a tiempo y como se debe, el cachorro se iría de la casa y moriría. Imagínese qué viaje con este sentimiento de culpa.

La primera noche antes de llegar a nuestro destino, Les y yo nos quedamos en un motel. Toda la noche el aparatico sonaba y sonaba para llamarme, sin cesar. Al principio, sus súplicas por comida conmovieron mi corazón y entusiasmada traté de descifrar cuál botón debía oprimir para satisfacer sus necesidades. Sin embargo, mientras avanzaba la noche, mis nervios se alteraban cada vez más con el chillido insistente. Aún irritada, continué ocupándome de mi tarea, pensando que pronto se lo iba a entregar a Josué. Qué error más garrafal.

Cuando llegamos al día siguiente, me di cuenta que esta mascota era muy compleja para Josué, así que intenté buscar a alguien un poco mayor para dársela. Piénsalo, nadie necesitaría, desearía, ni querría un chillón.

Por varios días anduve con ese neurótico metido en el bolsillo, haciéndome demandas en vida.

¿Has visto alguna vez una de estas mascotas? Si no, escucha. Tienes que darle de comer al cachorro, bañarlo, ponerle vacunas, disciplinarlo, jugar a atrapar la bola con él, ponerlo a dormir, limpiar sus excreciones malolientes. Vamos, eso es más de lo que estaría dispuesta a hacer por mi esposo. Si eso no basta, este cruce de perro y máquina tiene también una tarjeta de calificaciones que certifica qué bien lo haces y también qué satisfecha está tu mascota con tu comportamiento.

Esta fue la gota que rebalsó el vaso. Una tarjeta de calificaciones, ¿por qué? Eso es absurdo. ¡Si crees que voy a seguir con esta cosa parlanchina para siempre, ¡piénselo otra vez!

¿Pensar? ¡Ajá, piénselo!

A lo mejor eso fue lo que debí hacer desde el principio: poner un poquito más de cabeza en mi decisión en esta compra.

¿No has hecho últimamente algunas decisiones sin pensarlo mucho? ¿Te causan cierta presión innecesaria? ¿Qué puedes hacer? ¿Qué calificaciones puedes darte en este asunto de las decisiones?

«Señor, ¿cuán a menudo perdemos nuestro gozo en algo que nosotros mismos provocamos? Gracias por rescatarnos y darnos una calificación de tu misericordia. Amén.»

LO RECUERDO MUY BIEN

Luci Swindoll

✗♥✗♥✗♥✗♥✗♥✗♥✗♥✗♥✗♥✗♥
¡Recuerden las maravillas que ha realizado,
los prodigios y los juicios que ha emitido!
1 CRÓNICAS 16:12

Soy una cazadora. Mi arma es la cámara y siempre la mantengo cargada. Es más, hace cinco minutos, mientras iba de un cuarto a otro, vi un halcón en mi patio parado sobre el respaldo de una silla. Nunca había estado ahí y a lo mejor nunca regresaría. Así que rápidamente, tomé mi arma con la lente de aumento de cuatrocientos milímetros, me moví por el pasillo, empecé a disparar y tomé quizá unas diez fotos de ese solo blanco. ¡Qué gran momento!

Hace dos días tomé fotos de tres globos que pasaban sobre mi casa. Hace un mes, también tomé una foto del despegue del transbordador Atlantis, y a principios del verano saqué unas fotos de un refugio de mariposas.

He tomado fotografías de ballenas, animales salvajes en el bosque, peleas de gatos, ciudades en el extranjero, hojas en el otoño, grandes búhos cornudos, fiestas de bodas, niños jugando, tormentas eléctricas, nevadas, de la familia, de mis amigos, de extraños y muchas ya están en cuadros que adornan mi casa. Considero casi cada momento «un momento Kodak», pidiendo prestada esta frase. ¿Por qué voy a casi todas partes con mi cámara? ¿Y si me pierdo algo? No podría resistirlo. Dondequiera que vaya, siempre busco algo memorable.

Mantengo un diario desde hace muchos años, en parte porque quiero recordar momentos importantes y a personas muy queridas. Cada vez más atesoro esos volúmenes y cuento con ellos para revelar cada cosa ocurrida. Son crónicas concisas de mi vida.

En septiembre cumpliré sesenta y seis años. Una de mis queridas amigas me dio un libro de recuerdos titulado «Recuerdas cuando». Envió cincuenta páginas en blanco a los miembros de mi familia y a mis amigos y les pidió que me dieran una sorpresa por escrito de una ocasión que recordaran haber pasado conmigo. Había un lugar para escribir y un espacio para una foto. Cuando lo abrí, lloré como un bebé. Los recuerdos empezaron a brotar de esas páginas mientras mi mente viajaba en cientos de direcciones diferentes. Es un libro maravilloso. Quizá el mejor regalo que jamás haya recibido.

¿Y libros de invitados? ¡Déjame contarte más acerca de ellos! Tengo los escritos de mi madre y de mi padre (ambos están con el Señor), recuerdos de fiestas y días festivos, notas de agradecimientos de incontables amigos. Cada página es un recuerdo maravilloso captado en el papel. Esos libros me transportan a momentos de gran gozo.

Recordar es importante para Dios. Él nos anima a hacer memorias. En Josué 3—4 leemos las crónicas de los israelitas cuando movían el arca del pacto a través del río Jordán. Después que el río se dividió en dos para permitir el paso del arca y de los israelitas, Dios mandó a los líderes de las doce tribus que tomaran cada uno una piedra del río y que la pusieran donde los sacerdotes se pararon con el arca al llegar a salvo a la otra orilla. «Estas piedras que están aquí son un recuerdo permanente de aquella gran hazaña» (Josué 4:7). Un montón de piedras, que se cree son las originales, ¡se encuentra en la orilla del río Jordán hoy día!

Las Escrituras están repletas con versículos para recordar. Se nos anima a recordar los días del pasado, los hechos portentosos de Dios, el sábado, las obras de Dios y nuestras luchas, nuestro Creador, nuestra juventud y la brevedad de la vida. Y una y otra vez nos manda a recordar.

Si todavía no has empezado a crear tu libro de recuerdos, empieza hoy. Carga tu cámara, ten listo el bolígrafo y capta los milagros y maravillas que se presenten en tu camino. Rodéate de todo lo que sea necesario recordar. Dios es fiel, nunca lo olvides.

«Señor, ayúdame a recordar los caminos por donde me conduces, bendices y mantienes. Que sea una depositaria de esos recuerdos y rauda para dárselos a otros. Esos recuerdos son una prueba de tu constante fidelidad. Gracias. Amén.»

AVISO DE TORMENTA

Sheila Walsh

✗❤✗❤✗❤✗❤✗❤✗❤✗❤✗❤✗❤✗❤✗❤
Gotera constante en un día lluvioso es
la mujer que siempre pelea.

PROVERBIOS 27:15

*B*arry y yo estábamos acostados una noche en el cuarto de un hotel viendo televisión. Cuando terminó el programa de *Mary Tyler Moore*, apagamos el televisor y nos alistamos para dormir. Y... de nuevo se escuchó, tac, tac, tac, uno de los dos había olvidado cerrar bien la llave del baño. Sabía que Barry no se había dormido, así que me hundí en mis cobijas esperando que se levantara y la cerrara. En vez de eso, se dio vuelta y también se hundió más en las cobijas.

—¿Escuchas ese sonido? —le pregunté.

—Sí, por supuesto —respondió—. ¡Es la llave del baño!

Seguí acostada por casi diez minutos, decidida a no levantarme de mi cómoda cama, ¡pero me sentía como si me estuvieran torturando los nazis!

—Está bien, está bien —dije en son de reclamo—. Me rindo.

Salí de mi cama y cerré ese aparato letal y ofensivo, y en ese momento Barry dijo:

—¡Ah, gracias! Eso me estaba molestando.

¿Hay algo en la Biblia que hable de golpear al esposo con la almohada? Después, decidí que era tiempo de hacerle una visita a un sabio y piadoso consejero que conozco.

—La vida puede ser muy hermosa, pero de un momento a otro me enojo por cualquier estupidez —le dije—. Me da rabia cuando me ocurre eso.

—¿Le has pedido a Dios que te ayude? —me preguntó.

—Bueno, para ser sincera, Scott, no siento algo así como querer hablarle a Dios cuando estoy enojada como en esos momentos —respondí.

—Pero ahí es cuando necesitas hacerlo —replicó de inmediato.

Pasaron unos días y no pensé más en la conversación que tuve con Scott. A decir verdad, atravesaba un buen momento, así que decidí pensar que Dios contestó mis oraciones y que mi problema estaba resuelto. Entonces...

—Amor, ¿enviaste la póliza de seguros? —le pregunté a Barry una tarde, creyendo que lo hizo porque habíamos hablado de lo importante que era eso.

Se puso pálido. Me miró, miró la puerta, levantó los ojos al cielo y dijo:

—Se me olvidó.

—¿Cómo se te pudo olvidar algo tan importante como eso? —le pregunté, sintiendo que se me salían esas viejas emociones.

—Lo siento, cariño se me olvidó —dijo él.

Me veía como si estuviera en la orilla de un precipicio y tenía que escoger entre saltar o retroceder. Le pedí a Barry que me disculpara por un momento y subí a mi cuarto.

«¿Señor, qué hago? Estoy enojada. Por favor, ayúdame.»

En ese momento, decidí poner fin a todo aquello, me arrodillé y dejé que todo mi enojo saliera. Cuando dejé salir toda mi furia... me llené de gozo.

Pude escuchar los pasos de Barry en las escaleras y cuando entró a la habitación con cara de que sabía que había hecho un disparate, sinceramente pude decirle:

—No importa, veremos cómo nos las arreglamos mañana.

Quizá no te parezca gran cosa la decisión de dejar salir todas mis reacciones tormentosas, pero hace una tremenda distinción en nuestras vidas. Quiero ser la fragancia de Cristo en medio de las tormentas de la vida, no parte del frente de la tormenta. Algunas veces lo echo todo a perder, pero ya puedo darme cuenta más rápido del error y le pido perdón a Barry. Quiero ser una bendición para mi esposo, que él anhele regresar a casa y no que venga a regañadientes.

Si luchas con cualquier comportamiento del pasado que te es tan familiar como las venas varicosas en las piernas, te animo a que invites a Cristo en ese momento y que dejes que todos esos viejos patrones se vayan. No es fácil, pero es bueno. Debes decidir. Puede ser como una molesta gotera de lluvia o un rayo de luz.

«Señor, ayúdame a permitir que tu luz penetre en mi oscuridad, tu amor en mi desamor, tu gracia en mis limitaciones. Amén.»

SEAMOS SINCERAS

Marilyn Meberg

✗♥✗♥✗♥✗♥✗♥✗♥✗♥✗♥✗♥✗♥✗♥
Todo lo puedo en Cristo que me fortalece.
FILIPENSES 4:13

Cuando Ken y yo nos mudamos a Laguna Beach, en California, me emocionaba con solo imaginarme caminando en la playa cada mañana como mi rutina de ejercicios. Lo veía como una manera estimulante para mantenerme en forma, hablar con el Señor y deleitarme en los contornos.

Una mañana, en mi tercera semana de gozo cotidiano, iba en dirección a Main Beach cuando vi de reojo lo que parecía un dóberman trotando detrás de mí. No había razón para alarmarme, pero yo era la única persona en la playa y el perro no tenía collar. Eso me puso tremendamente nerviosa. Después de todo, los dóberman se conocen como perros fieros de guardia. Tal vez sintió la necesidad de resguardar la playa. Corrí un poquito más, ¡y el perro también!

Seguía mirando de reojo y noté que el perro se me acercaba más. No corría, pero yo diría que trotaba con rapidez. Así que yo también troté más rápido. Al parecer eso lo animó y aumentó la velocidad, así que yo incrementé la mía. En poco tiempo estaba en plena carrera... y también él. Empecé a jadear y a soplar, mientras el perro continuaba acercándose. Podía imaginarme los titulares del periódico: «Mujer de mediana edad con las narices llenas de arena fue encontrada boca abajo, muerta de un infarto masivo.» O: «Los restos de una mujer se encontraron esparcidos por la arena en Laguna Beach. Un perro no identificado se encontraba echado cerca de la víctima con pedazos de blusa azul colgando de su boca.»

No me gustaba ninguno de los dos titulares, pero sabía que de un momento a otro el perro caería sobre mí. Así que, de pronto, dejé de correr y me detuve para enfrentarlo. Estaba contento y se acercó a mí saltando, moviendo la cola y visiblemente alegre y deseoso de que lo acariciaran. Sacudió la cabeza y el cuello, y cayó sobre la arena exhausto y cómodo. Para su deleite le rasqué las orejas y le dije el susto que me había dado. No parecía comprender otra cosa más, sino solo que tenía una nueva amiga. Así que juntos llegamos a Main Beach y él se tuvo que detener varias veces para esperarme.

Metafóricamente he aplicado esta historia a mi vida muchas veces. Por ejemplo, he visto ciertos temores sobre los que traté de mantenerme a la delantera, para darme cuenta que cuando me detenía y los enfrentaba, no había nada que temer. Lo que tenía que hacer era enfrentarlos en vez de evadirlos.

Después que mi esposo murió, no pensaba que pudiera administrar bien asuntos de dinero, como por ejemplo los impuestos, los intereses y las inversiones. Después de todo, tengo numerofobia. Nadie que odie los números puede resolver ni mantenerse al tanto de cosas tan complejas como el precio del brécol, la coliflor o la toronja. No tuve otra alternativa más que darme vuelta y enfrentar el temor. Claro que prefiero tratar con inversiones como el brécol, la coliflor o la toronja, pero también aprendí que no me voy a caer muerta en la playa por leer un formulario de impuestos.

Admitiendo que los dóbermans de la vida me dejan sin respiración y atemorizada, enfrentarlos con oración y fe en mi corazón no solo me permite confiar en Dios, sino también experimentar la victoria que viene únicamente que de él. En realidad esa es la manera más estimulante para mantenerse en forma.

«Padre, gracias porque la habilidad de enfrentar mis incompetencias y mis temores deriva de tu promesa de que todo lo puedo hacer a través de ti. Gracias te doy por lo estimulante de ver y sentir tu fuerza obrando en mí. Estoy muy agradecida. Amén.»

VOCERA DE DIOS
Thelma Wells

✗♥✗♥✗♥✗♥✗♥✗♥✗♥✗♥✗♥✗♥
Ante el nombre de Jesús se doble toda rodilla en el
cielo y en la tierra y debajo de la tierra, y
toda lengua confiese que Jesucristo es el Señor,
para gloria de Dios Padre.
FILIPENSES 2:10-11

Mi esposo, George, y yo estábamos de vacaciones con otra pareja en Nueva Orleans. Un día pasamos cuatro horas caminando desde el hotel hasta el final del mercado francés, deteniéndonos para comer, comprar, escuchar jazz, ver a un maniquí humano y observar las actividades de la ciudad.

Después de caminar tanto, todos votamos por tomar un taxi de regreso al hotel. Así que le hicimos señas a un taxi. Mientras que el chofer almorzaba y nos preguntaba de dónde éramos, nos llevó a nuestro destino. Sus prioridades parecían ser en este orden: comer, hablar y manejar.

Mis amigos le dijeron que eran de Houston y que George y yo éramos de Dallas. El chofer, entre mordida y mordida de su sándwich dijo:

—Yo soy palestino. ¿Saben dónde está Palestina? Es el lugar en que mi gente lucha con los judíos porque nos robaron nuestra tierra.

Su afirmación abrió el camino para una conversación interesante y molesta. Le pregunté si esta guerra era una continuación de la lucha entre Ismael e Isaac.

—No, el pleito empezó en 1948 cuando los judíos regresaron y nos robaron nuestra tierra —respondió.

—¿Crees que alguna vez habrá paz en el Medio Oriente? —le pregunté.

—No, hasta que los podamos echar fuera de nuestra tierra —respondió tajantemente y continuó explicándonos acerca de su pueblo y de sus enemigos, los judíos, y seguía mordiendo una manzana.

La conversación cayó luego en la discusión del tema religioso. Con orgullo dijo que era musulmán, y como tal creía en Dios. Yo quería saber qué creía acerca de Mahoma, y respondió que para él Mahoma era un buen sujeto como Jesús. No creía que Dios tenía un hijo y su razonamiento era:

—Si Dios tuvo un hijo, ¿por qué no tuvo una hija y una madre?

Esa pregunta no tenía ningún sentido para mí, pero eso no iba a impedir que me detuviera a hacer un comentario. Así que salté al punto donde quería llegar.

—La creencia en Jesús viene a tu corazón por fe. Yo creo en Jesucristo y creo en la Trinidad. ¿Qué sabes tú del Espíritu Santo?

Ahora él fue quien se quedó perplejo. Era evidente que nunca había escuchado acerca del Espíritu Santo. Ya me estaba calentando con el tema cuando entonces, ¿saben qué pasó?, llegamos al hotel. El conductor, prácticamente se subió en la acera y abrió la puerta con tanta energía, que pensé que la iba a arrancar. No estaba segura si siempre era así, tan expresivo, o simplemente estaba muy feliz de ver que este grupo de gente del «Espíritu Santo» salía de su auto.

Aun después que nos dejó en el hotel, seguí pensando en aquella conversación. Repasé mis afirmaciones y me pregunté qué más pude haber hecho para testificarle al chofer. ¿Qué más pude haberle dicho para mostrarle que la única manera de llegar a Dios es a través de su Hijo Jesús? Me di cuenta que no sabía lo suficiente sobre la religión musulmana como para responder como era debido a los puntos que el taxista planteó en nuestra discusión. Mientras más pensaba en todo esto, más cargado sentía el corazón.

Entonces recordé una de las promesas de Dios: su palabra no regresa vacía. Pude haber usado la Escritura para ayudar al palestino a entender lo que le decía. Varios versículos llegaron a mi mente en ese momento.

Finalmente, no pude obtener una visión más clara de la conversación hasta que recordé que si el hombre hubiera aceptado lo que dije y hubiera escogido aceptar a Jesús como su Salvador allí mismo en el taxi (¡aleluya!), no habría recibido ningún crédito. Dios es el que atrae a las personas. Cada uno de nosotros es simplemente su vocero en la tierra.

Si decimos lo bueno o no podemos pensar algo que lo parezca, todo lo que podemos hacer es abrir la boca y confiar en que Dios la usará. Eso no quiere decir que no debemos prepararnos para ofrecer una explicación razonable de nuestra fe, pero sí nos quita la presión que pesa en nosotros. Somos los instrumentos, pero Dios es el único que produce la música a través de nosotros.

Después de la conversación en el taxi, le pedí a Dios que me perdonara por mi explicación inadecuada de quién es Jesús. Le pedí a Dios que hablara al corazón del chofer y que lo acercara al Señor a pesar de mi fallido intento. Esta oración me hizo sentir mucho mejor.

¿Has tratado de explicarle a alguien los principios espirituales y lo que sonó parece ser notas desafinadas? ¿Te ha desconcertado la dificultad de aclarar lo que te parece tan obvio? Recordar la función que desempeñas y la función de Dios puede ayudarte a sentir consuelo si alguna vez lo echas todo a perder, y te dará el empuje necesario para aumentar tu conocimiento, de manera que puedas «despotricar» con más elocuencia la próxima vez.

«Maestro, como una de tus voceras en esta tierra, me doy cuenta de que algunas veces me das la oportunidad para hablar de ti y que de cierta manera la malogro. Cuán agradecida estoy de que cuando arruino mi oportunidad, tú (estoy segura) tienes a alguien más que estará allí para hacer que esa persona se acerque a ti. No es que eso me saque del apuro, pero en verdad me quita la presión. Enséñame más a cómo hablarles a otros acerca de ti. Amén.»

¡A VER, UNA SONRISA!

Patsy Clairmont

✖♥✖♥✖♥✖♥✖♥✖♥✖♥✖♥✖♥✖♥✖♥
Grabada te llevo en las palmas de mis manos.

ISAÍAS 49:16

Imagínate esto: años de restos fotográficos tirados por aquí y por allá; algunas fotos revueltas en las gavetas, pegadas a los espejos, almacenadas en escritorios, imantadas al refrigerador, metidas en cajas de zapatos, pegadas también en marcos de ventanas, arrugadas entre carteras, metidas en libros viejos, mezcladas con las cuentas... Esto indica el montón de años que manejo la historia fotográfica de mi familia.

Siempre he querido organizar, poner en orden alfabético y clasificar los cuadros de la vida familiar, pero no soy organizada por naturaleza, ni alfabéticamente ni por categorías. Es más, soy más comedida en mi enfoque de la vida. Algunos pueden decir que soy el tipo de persona indecisa, desordenada y oportunista. Pero, no me interpreten mal. Me gusta un lugar bien ordenado, pero no abras una puerta o una gaveta sin tomar algunas precauciones. Eso quiere decir que, si puedes abrirlas, debes cerrarlas a la fuerza. No obstante, si abres una gaveta, ¿no te importaría ver si encuentras los tres rollos de películas que perdí en las últimas vacaciones familiares de 1992? Sé que están aquí en alguna parte.

También sé que necesito llevar un control de las fotografías. Así que tomé la siguiente iniciativa. Primero, me dediqué a seleccionar las fotografías. Las trajimos a la sala y las pusimos en el baúl del abuelo de Les que estaba frente al sofá. Esta actividad tomó semanas, ya que sacamos todas las fotografías extraviadas de lugares tan extraños e inusuales (como por ejemplo, botiquines, cajas de herramientas, secadoras de ropa).

Una vez que se empacaron casi todas en el baúl, compré álbumes de todos tamaños, me senté enfrente de esas montañas y un poco después me sentí abrumada por la magnitud del proyecto. No podía encontrar la forma de clasificarlas. ¿Debía hacerlo por fechas, acontecimientos, casas, individuos, vacaciones, celebraciones, crisis o todas las de arriba?

En verdad, ni siquiera sabía quién era uno de los tipos que estaban allí. ¿Quiénes eran estos extraños en nuestras casas, como el tipo del cigarro y exageradamente narizón? ¿De dónde apareció la mujer con traje de baño y con el aro de hula hula alrededor de la cintura? (¡Uf! No importa. Esa soy yo en mi bata de dormir.) ¿Y quiénes eran esos bebés corpulentos, bebés con delantal, bebés arrugados, bebés pacíficos? Podría pensar en una sala de pediatría o un orfanato ya que sus nombres permanecen en el misterio.

Todo esto me trae a mi próximo dilema. ¿Cómo botar una fotografía sin sentirme culpable? El retrato de alguien es tan personal que parece una violación si eliminas uno de ellos. Después de todo, ¿qué tal si estos individuos tienen problemas de rechazo?

Hace unos días, Les y yo estábamos es una tienda de antigüedades cuando vimos un álbum de fotos sobre una mesa. Interesados, lo hojeamos echando un vistazo, solo para encontrar que una familia nos veía a nosotros.

Ambos nos sentimos tristes al ver las fotos echadas a un lado para que cualquier persona las pudiera ver. Nos preguntábamos quién podría haber tirado su historia (tal vez unos cuantos miembros de la familia, ¿pero todo el clan?) ¿Y quién se haría el propósito de comprar más familiares?

Poco a poco hago progresos en el desarrollo de nuestros álbumes y he tenido momentos de valor para tirar a algunos extraños (no al hombre del cigarro; estoy unida a él). Hasta he separado innumerables duplicados. (Tengo cuarentisiete fotografías del exterior de nuestra casa. A lo mejor mi dedo se atascó o la cámara era nueva o mis reflejos y el foco de la cámara estaban en competencia. ¿Quién sabe? Así que los rebajé a veintinueve.)

Hace poco mi madre, de ochenta y tres años, condensó su vida y adivinen qué fue lo que me dio... un cofre de fotografías sin identificación. ¡Ay caramba! Otra vez de regreso a buscar pistas para identificarlos. ¿Alguna vez te has sentido como si tu identidad se perdiera en un mundo lleno de gente? Tenemos un Dios cuyo corazón se expande lo suficiente para sostenernos a todos y que siempre está enfocado a identificar a cada uno de nosotros al punto, que conoce nuestro levantar y nuestro acostar.

Medita en el Salmo 139 y sonríe que el cielo te está viendo.

«Amado Señor, gracias porque eres un Dios de orden y nunca pierdes nuestra pista. Nos conforta saber que una vez que estamos en tu familia, nunca seremos desechados. Nos llena de gozo darnos cuenta

que nos pusiste en un cuadro con tu amor y nos ves a través de tu misericordia. Nuestras caras no son una sorpresa para ti, Señor, y nuestras identidades están grabadas en las palmas de tu mano. Amén.»

DEJA QUE MAMÁ SALGA DEL MALETERO

Sheila Walsh

✘❤✘❤✘❤✘❤✘❤✘❤✘❤✘❤✘❤✘❤✘❤

Escucha a tu padre, que te engendró, y no
desprecies a tu madre cuando sea anciana.

PROVERBIOS 23:22

*R*ecientemente, un amigo me dijo que ahora se comunica con
su madre únicamente a través del correo electrónico... porque
esto la hace más tolerable. Le pregunté si alguna vez discutió con ella
lo difícil que les resultaba comunicarse. Me miró como si le hubiera
sugerido que metiera las manos en una licuadora. «¡Creo que
bromeas!», dijo. «¿Hablar con mamá? Eso es como tratar de negociar
con un escorpión.»

Desde que me convertí en mamá, tengo una nueva manera de
apreciar a mi propia madre. Al saber lo que son los dolores de parto,
¡le quise comprar un reino! Ahora sé, de una manera más profunda,
que el padre y el hijo son irrevocablemente parte del tapiz de la vida
de uno y otro. Qué triste es tratar de obviar una parte del tapiz
o «resistir» su presencia.

¿Por qué encontramos tan difícil a veces relacionarnos con nuestras madres, hablar la verdad con las que nos dieron la vida? Cuando
digo «hablar la verdad», quiero decir con amor, apaciblemente y
no como un torrente de acusaciones de: «Soy una tonta porque me
dejaste caer cuando tenía dos años.»

Parte del problema en nuestras familias es que no hablamos con
sinceridad el uno con el otro. Nos sentimos culpables si tenemos sentimientos negativos hacia nuestros padres. ¡Así es que guardamos
esos sentimientos y algunas veces deseamos también almacenar a
nuestros padres! El verdadero amor demanda un acercamiento diferente: sinceridad, correr riesgos mutuamente y permanecer unidos
a pesar de los momentos difíciles porque queremos una relación
auténtica.

Uno de los momentos de mayor libertad en mi relación con mi
madre fue cuando me di cuenta de que no tenía la responsabilidad
de su condición emocional ni de su felicidad. Solía tener un exce-
sivo sentido de responsabilidad y vagué por años como una enfermera demente tomando la temperatura emocional de cada uno de

los miembros de mi familia. Sin embargo, renuncié a mi trabajo. Era demasiado agotador y, además, ya estaba demasiado disgustada.

En caso de que hayas caído en esa situación con tu familia, sobre todo con tu madre, te ofrezco esta sugerencia. Has una cita con tu madre y antes que pienses que lo que te estoy diciendo es una locura, te daré una explicación.

Cuando empezabas a salir con tu esposo o buscabas establecer una relación con un amigo especial, diste todo lo que tenías. Hiciste preguntas porque ansiabas conocer más de cerca a esta persona. Escuchaste, y mientras la confianza y el respeto mutuo crecía, le entregaste tus esperanzas y sueños a esa persona.

Nuestras madres ya tenían sus vidas hechas cuando nosotros llegamos. Por lo general, sabemos muy poco acerca de esta joven con esperanzas y sueños, que se mantenía despierta en la noche y se preguntaba en qué pararía su vida. Darse cuenta quién es y quién era esa mujer puede ser fascinante, casi como descubrir una nueva amiga.

A menudo, los miembros de la familia adoptan patrones fijos de conducta, simplemente porque eso es lo que esperamos unos que hagan los otros. Es una costumbre que se desarrolló con los años entre nosotros. Así que dale una nueva mirada. Pon una nueva cinta. Acércate y conoce a tu madre en otras maneras en que no lo has hecho. Celebra la mujer que es ella. Dale las «gracias». Envíale flores, escríbele una nota. Llévala a cenar o cómprale algo que quería cuando era niña y que nunca tuvo. Mírala bien, acércate más y deja salir a mamá del baúl.

«Amado Señor, hoy quiero darte las gracias por mi madre. Gracias por todos los momentos que soportó sin que le expresara gratitud y a pesar de eso me siguió amando. Gracias por su tiempo, paciencia y perdón. Ayúdame a encontrar nuevas maneras para expresarle mi amor. En tu nombre y gracia. Amén.»

¡LLENO!

Rellena de combustible tu alma

✘❤✘❤✘❤✘❤✘❤✘❤✘❤✘❤✘❤✘❤✘❤✘❤✘❤

¿QUIÉN ERES?

Marilyn Meberg

Yo te conocí antes de que fueras formado en el vientre
de tu madre; antes que nacieras te santifiqué y te
elegí como vocero mío ante el mundo.

JEREMÍAS 1:5, LA BIBLIA AL DÍA

Mi nieto, Ian, me legó un nombre inusual cuando tenía como quince meses. Me llamó «Maunya». No tenemos ni la menor idea de los orígenes, excepto que salió de la mente fértil del pequeñuelo.

Me encanta el nombre. Muchas abuelas, abuelitas y nanas pueblan el mundo, pero hasta donde sé no hay «Maunyas». Ese nombre me pone en una categoría aparte, me hace única. A su abuela paterna la llama «Nana» y a la madre biológica de mi hija Beth «Nana Sherry», pero a mí me llama de una manera muy diferente.

Durante mi última visita jugábamos en su caja de arena. Yo cernía la arena en un tamiz, en un esfuerzo por eliminar un poco de basura que se metió y mezcló con la arena y que me tenía incómoda.

La intensidad de esta tarea la interrumpió una inesperada pregunta de Ian.

—¿Maunya, quién eres?

Notando la seriedad en sus grandes ojos azules, me sentí impulsada a responder con la misma seriedad aquella pregunta, pero no encontraba palabras para explicarlo. Mencionar Efesios 1:4, de que me habían escogida antes de la fundación del mundo para «existir», parecía un poco teológico en ese momento. Citarle que Jeremías 1:5 dice que me conocían desde el vientre de mi madre y me crearon para que existiera, también sonaba un poco confuso. Así que opté por decirle:

—Maunya es tu abuela.

—Eso ya lo sé —respondió un poco irritado.

—Y —continué, dándome cuenta que no respondí muy bien del todo—, Dios me hizo para que te amara mucho, mucho, mucho, tanto como Dios te ama, bien grande.

Con esta respuesta, Ian dejó de poner los desechos de vuelta en la caja de arena, todo lo que antes me las arreglé para sacar y se quedó mirando fijo en el espacio. Con voz queda, replicó:

—Maunya ama a Ian mucho, mucho, mucho —y despúes de unos segundos dijo—: Dios ama a Ian mucho, mucho, mucho.

—Sí, sí —dijo, al parecer satisfecho, con una expresión que usaba para indicar estar de acuerdo, como si estuviera dando por terminado el asunto que se discutía.

Cuando reanudamos nuestra labor de sacar la basura de la caja y volverla a poner dentro, lo hicimos con renovada camaradería.

Desde entonces, he meditado sobre este breve intercambio. La pregunta de «¿quién tú eres o quién tú serás?» es fundamental para cada uno de nosotros. Debemos y necesitamos saber quiénes somos. Estoy un poquito impresionada de que Ian ya piense en eso.

Esta misma pregunta aparece en el libro Alicia en el País de las Maravillas, escrito por Lewis Carrol: «¿Quién soy yo en el mundo? Ah, ¡ese es el gran rompecabezas!» Pero, por supuesto, para el creyente esto no es motivo de confusión. Volviendo a Jeremías 1:5, descubrí «quién soy».

Para empezar, estaba en la mente de Dios mucho antes de estar en el vientre de mi madre. La frase: «Te conocí antes de que fueras formado en el vientre de tu madre», me da vueltas en la cabeza. Atención, pensamiento y planificación específicas sobre mi persona se llevaron a cabo antes de que Dios me formara en el vientre. Eso implica que soy más que un cálido encuentro entre mis padres... ¡nueve meses antes de que naciera! Sin importar las circunstancias que rodearon mi concepción, soy un acontecimiento planeado.

Pero no solamente fui un acontecimiento planeado, sino que fui elegida, llamada para ser «un vocero … ante el mundo». Al igual que Jeremías, tengo una tarea específica que hacer para Dios. Todos tenemos una tarea específica que hacer para Dios y esta la planificó antes que nos formáramos en el vientre. ¡Esa es una verdad grandiosa!

No se conocen solamente mi identidad y llamado. Además, Isaías 43:1 dice: «Te puse nombre, mío eres tú» (RV-95). No puedo imaginarme a Dios llamándome Maunya, pero sí sé que, como ese nombre, me considera única, escogida y me llama suya. No puedo esperar unos pocos años para decirle todo esto a Ian. Supongo que para entonces nada más quedará la caja de arena.

«Señor Jesús, qué seguridad nos da saber que cada uno de nosotros es único, hecho a la medida de la creación a quien amas, a quien llamas por nombre y para la que tienes un plan. Sería bueno que nos pudiéramos meter en ese almohadón de gozosa paz y que nunca olvidemos "quiénes somos". Amén.»

UN NUEVO COMIENZO

Patsy Clairmont

✘❤✘❤✘❤✘❤✘❤✘❤✘❤✘❤✘❤✘❤

Ponerse el ropaje de la nueva naturaleza.

EFESIOS 4:24

*C*uando me detuve en la casa de mis amigos Gene y Ruthann Bell, no tenía la idea de que un milagro ocurrió enfrente de ellos. Ruthann, con orgullo me llevó por la arboleda hasta su granero. Enseguida abrió la gran puerta de madera y me condujo hasta el establo. Allí, de pie, cerca de su madre Miry (una yegua Morgan registrada) había un potrillo.

Bautizado Huw («Hugh» en galés, usada para nombrar al personaje Huw Morgan en la novela Cuan Verde era mi Valle), el recién nacido tiritaba y trataba de sostenerse con sus temblorosas piernas. Nos miraba con cautela, a la vez que se acercaba más a su mamá. Entonces Miry se movió en el corral que estaba abierto y cuando el potro trató de correr tras ella, sus huesudas piernas se le enredaron. Nos reímos con esa clase de sonrisa que solo puede producir la contemplación de una nueva vida.

Me fue muy placentero observar ese puñado de huesitos con sus cabriolas torpes, probar sus frenos, pero sin alejarse mucho de su madre. El potro instintivamente sabía cómo obtener de su madre alimento, comodidad y protección.

¿Has deseado alguna vez empezar de nuevo? A lo mejor todos hemos deseado tener una nueva oportunidad en alguna esfera de la vida. No necesariamente para hacer las cosas diferentes, sino más o quizás menos. Por ejemplo, me habría gustado leer más mientras estuve en la escuela (cuando aún podía retener) y hubiera deseado quejarme menos cuando era una madre joven.

La realidad es que no puedo volver atrás, solo puedo seguir hacia delante a un territorio desconocido. Sentarnos en nuestra nostalgia nos llevaría a la miseria. Aunque el lamento que conduce al cambio es un gran amigo, el que avergüenza es un enemigo traidor.

Entonces, ¿cómo vivir sin permitir que el lamento nos robe el gozo? Qué decir de lo que nos impulsa: «Nunca confíes en ti mismo» (Proverbios 3:5, La Biblia al Día).

Algunas veces estamos tan seguros de saber algo, cuando mis queridas hermanas, no lo sabemos en realidad. ¿Saben lo que quiero decir, verdad? Nada nos garantiza que si hubiéramos hecho algo de nuestra vida de una manera diferente las cosas hubieran terminado diferentes. Tenemos que confiar en el Dios del universo. Él es quien dirige el desenlace de todas las cosas que planeó y que, al fin y al cabo, deben hacerse (a pesar nuestro si es necesario).

No sugiero que dejemos de asumir la responsabilidad por los errores del pasado, ni que debemos aprender a hacer las cosas con más honra porque estos son cambios que nos conducen a un nuevo comienzo. Lo que digo es que ahora muchas cosas están fuera de nuestro control... pero nunca del control de Dios.

Así que la próxima vez que tú y yo necesitemos apoyarnos en algo, hagámoslo en el Señor. Así que podemos acomodarnos y recibir lo que necesitamos: alimento de su Palabra, consuelo de su Espíritu y protección de su presencia.

Apoyarnos en él también nos ofrece el beneficio de dejar de lamentarnos y la oportunidad de «ponernos el nuevo yo».

«Señor, gracias porque al apoyarnos en ti en busca de alimento, consuelo y protección podemos entrar en un nuevo y refrescante comienzo (un nuevo día, trabajo y determinación) con entusiasmo. Que te deleite, Señor, vernos agotados algunas veces en nuestros esfuerzos y que aun te eches hacia atrás riendo con dulzura. Amén.»

¿NO ME LO CREAS A MÍ?

Luci Swindoll

✖♥✖♥✖♥✖♥✖♥✖♥✖♥✖♥✖♥✖♥✖♥
Conozco tus obras; sé que no eres ni frío ni caliente.
¡Ojalá fueras lo uno o lo otro! Por tanto, como
no eres ni frío ni caliente, sino tibio, estoy
por vomitarte de mi boca.

APOCALIPSIS 3:15-16

Un campesino entró a una tienda de novedades. Vio un termo muy brillante y le preguntó al dependiente qué era ese objeto. El dependiente contestó:

—Es un termo y mantiene las cosas frías, bien frías, y las calientes bien calientes.

El campesino quedó tan impresionado que compró uno. Estaba impaciente por enseñárselo a sus amigos. Al día siguiente, en el trabajo, no tuvo que esperar mucho para que uno de sus compañeros le preguntara qué era esa cosa brillante.

—Es un termo y mantiene las cosas frías bien frías y las calientes bien calientes —replicó el campesino.

—Bueno, ¿y qué tienes en el termo ahora? —le preguntaron sus compañeros de trabajo.

El campesino orgullosamente dijo:

—¡Un refresco y dos tazas de café!

Estoy de acuerdo con el campesino. Las cosas frías me gustan frías y las calientes me gustan calientes, nada intermedio. Soy todo o nada. Sé lo que me gusta y lo que no. Como mujer sureña puedo comer lo que peso en quimbombó, pero no se les ocurra darme de comer maíz molido. También soy una amante de la ópera. Daría la vida por la música de Puccini, pero por favor líbrenme de Alan Bert. Como cinéfila, siénteme a ver una película de suspenso, pero no me hagan pasar por las aburridas películas del muchacho que conoce a una muchacha, la muchacha usa bonita ropa, el muchacho se casa con la muchacha y la pareja tienen un bebé. ¡Por favor!

No tienen que estar de acuerdo conmigo. Por lo general, es más divertido cuando no lo están; eso da inicio a una buena conversación. He trabajado por años para desarrollar estas opiniones y ellas me definen.

Eso es algo que me encanta de Marilyn. Tiene sus propios pensamientos, afirma sus preferencias, sostiene sus convicciones y cuando diferimos, no trata de cambiarme mi opinión. Me deja ser como soy.

Por ejemplo, me gusta el restaurante de Old Country en Palm Desert (donde ambas vivimos), pero Marilyn lo aborrece. Estos lugares de comida cacera honran a los ciudadanos de la tercera edad con descuentos y podemos volver a la línea las veces que se nos antoje. No es caro, todo lo que puedas comer, todas las veces que pueda ser. ¡Mi lugar favorito! ¿Y de Marilyn? ¡No, no, gracias! Si quiero ir allí, tengo que buscar otra campesina. No me impide ir la opinión de Marilyn. Lo que hace es sencillamente que no vaya con ella.

Recuerdo a una amiga de hace muchos años que nunca podía tomar una decisión.

—¿Quieres ir a cenar? —le preguntaba.

—Me da igual —decía ella.

—Bueno salgamos. ¿Qué tal si mejor vamos al cine?

—Lo que tú quieras.

—¿Qué te gustaría ver?

—Cualquier cosa.

¡Eso me volvía loca! A mí no me importaba decidir, pero nunca tuve la oportunidad de conocerla. Por supuesto, ni ella misma se conocía.

Nuestras decisiones nos convalida. Dicen quiénes somos y convencen a otros de dónde estamos parados. Al no tener convicciones personales, mi amiga carecía de fuerza de carácter. Pasó por la vida ni caliente ni fría.

Esto se convierte en un problema serio cuando se va más allá de la música, de las películas y de las comidas, a asuntos más importantes como la fe. Estoy hablando sobre tomar una postura definitiva, una disposición hacia la vida donde Cristo Jesús es tu centro, su Palabra tu parámetro y su conducta nuestra elección.

Dios requiere que una persona haga decisiones: ser caliente o frío, saber en qué creer y por qué. No sugiero que consideremos nuestras opiniones irracionales o testarudas. Sin embargo, cuando se llega a convicciones bíblicas o verdades espirituales, debemos tomar una posición firme. La sabiduría, la paz, el valor y el gozo son virtudes que caracterizan a las personas que conozco, que saben hacer las cosas.

«Padre, ayúdanos a tomar decisiones que te agraden. No queremos ser ni débiles ni testarudos. Queremos estar en lo bueno, como tú. Amén.»

DULCEMENTE ENGAÑADOS

Bárbara Johnson

No se olviden de practicar la hospitalidad, pues gracias a
ella algunos, sin saberlo, hospedaron ángeles.

HEBREOS 13:2

*N*uestro hijo menor, Barney, planeaba una fiesta sorpresa para su esposa, Shanon, en un hotel de San Diego y nos invitó a Bill y a mí para unirnos a la diversión. Para hacerle una travesura, decidimos tomar el tren e invitamos a nuestra amiga Linda para que nos acompañara.

Después que nuestro tren arribó a la estación, tomamos nuestras valijas esperando ver a Barney en la plataforma de espera. Todos los pasajeros se marcharon deprisa mientras nosotros seguíamos de pie buscando entre la multitud la guapa cara de Barney.

Recogimos nuestras cosas, las pusimos sobre una banca y seguimos esperando. Poco a poco, la enorme área de espera quedó vacía y nosotros nos quedamos solos. Busqué en mi cartera una moneda de veinticinco centavos y el número del hotel donde se suponía que nos íbamos a quedar. El único teléfono que se podía divisar estaba en una esquina de la estación y Linda y yo caminamos hacía allí. Un hombre todo desaliñado que estaba recostado en la pared, alzó la cabeza y se nos quedó viendo.

Debajo de una gorra de béisbol, su pelo negro, largo y desgreñado caía sobre sus ojos todo enredado. Sus pantalones manchados y arrugados eran cuatro veces mayores que su talla y una parte de la camisa colgaba fuera de la cintura, mientras la otra le quedaba holgada por todos lados. Sus zapatos de lona tenían tanto hueco como un queso suizo y pequeñas nubes de humo salían de un cigarro suspendido en su boca. Mi corazón se aceleró un poquito frente a esta situación tan inesperada, y Linda debía estar también muy nerviosa por la apariencia de este hombre que se prendió de mi brazo y dijo:

—Barbarita... —con un gesto evidente de temor.

—Imagínate —le dije, acariciándole la mano y dándole ánimo—, ese pobre hombre es un hijo de nadie.

Hice la llamada, sólo para enterarme de que Barney no estaba en el hotel.

—Supongo que tendremos que esperar. Quizá lo detuvieron y le pusieron otra multa de tránsito.

En cuanto me senté en la banca, el desgarbado personaje se movió despacio hacia nosotros.

—Barbarita, viene hacía nosotros —susurró Linda, acercándose cada vez más a mí en la banca.

—No, no lo está haciendo —le respondí, y volví mi cabeza aparentando que miraba hacia el otro lado para así observar cada uno de los movimientos con el rabillo del ojo.

—Sí, ¡ahí viene y nos va a robar! —los labios de Linda no se movían pero sus palabras se podían escuchar con claridad.

Las manos del hombre estaban en sus bolsillos y nos miraba con fijeza a medida que se acercaba cada vez más.

Empecé a buscar en mi cartera, tratando de decidir si le debía ofrecer un par de dólares, o una menta para el aliento. Bill tomó y dobló una revista y se preparó para el desenlace de este drama. Le di un codazo haciendo que se volviera hacia a mí con impaciencia. —¿Qué? —dijo casi gritando.

El hombre estaba a menos de tres metros de nosotros y mi corazón latía ahora con más fuerza. Linda se pegó bien a mí en la banca y los tres nos sentamos juntos, viendo que aquel harapiento estaba casi frente a nosotros. De repente, habló.

—¡Hola, mami!

¿Mami? Si hubiera tenido dentadura postiza se me hubiera caído al piso. Me quedé mirando al hombre; estaba tan cerca de mí que podía ver bajo el ala de la gorra de béisbol un par de ojos negros brillantes... esos ojos me eran muy familiares...

—¿Barney, eres tú? ¿Qué rayos...?

El hombre empezó a reírse de tal modo que no podía hablar y sin pronunciar una sola palabra se levantó la gorra. El pelo desgreñado y negro salió con la misma gorra, era una peluca adherida a la ella. El cigarrillo también era falso, despedía nubes de polvo cada vez que Barney soplaba. Con una sonrisa tan amplia como el Mississippi, se subió los enormes pantalones mientras me tomaba en sus brazos con un cálido abrazo. Todavía me sentía un poco confusa y de repente me lamenté por aquel montón de bromas que yo le había hecho a mi familia durante el tiempo que los muchachos crecían. Me di cuenta que había llegado el momento de la retribución.

Desde ese momento, desarrollé una nueva empatía de cómo debe haberse sentido el pobre anciano Isaac cuando su hijo Jacob se le presentó al lado de su cama disfrazado de su hermano mayor Esaú, y tengo una nueva percepción del pasaje de las Escrituras que dice: «¿Puede una madre olvidar a su niño de pecho, y dejar de amar al hijo que ha dado a luz? Aun cuando ella lo olvidara, ¡yo no te olvidaré!» (Isaías 49:15).

Si estuviéramos tan caídos y tan duros que aun nuestras madres no nos reconocieran, Dios sí nos ve a través de los disfraces. Ve nuestros corazones y nos llama suyos.

«Amado Señor, prometiste no olvidarme, aun cuando tontamente me disfrazo con las maneras del mundo. Gracias por recordarme siempre y por acogerme en tus brazos eternos. Amén.»

VUELA DE UN SALTO

Sheila Walsh

✗♥✗♥✗♥✗♥✗♥✗♥✗♥✗♥✗♥✗♥✗♥
El amor perfecto echa fuera el temor.

1 DE JUAN 4:18

Recientemente, en una conferencia una mujer me preguntó: «¿Qué es eso de confiar en Dios?» Pensé que la pregunta era maravillosa. Hablamos tan fácil de la fe, la confianza y el amor, como del pan, la leche y los huevos. Pero en realidad, ¿qué significa? ¿Qué tipo de carne colgamos en los huesos de nuestras palabras? ¿Te preguntaste alguna vez qué es eso de confiar en Dios?

Para mí, se parece a Bárbara Johnson. Si hablas con algunas de las mujeres de fe sobre Bárbara, todas te diremos lo mismo. ¡Es una mujer increíble! No puedo imaginar el dolor que soportó en su vida. No puedo comprender la agonía al tener que identificar a sus dos hijos muertos. Cuando Bárbara nos cuenta su historia desde la plataforma, siempre sollozo cuando usa las palabras «identificar a tu primogénito en una caja». No lo puedo soportar. No puedo imaginármelo.

Sin embargo, en medio del dolor que sufrió en su vida, Bárbara sigue orando: «Lo que quieras, Señor.» Y su vida de entrega a Dios ha tocado a millones de personas. Ella es gracia y amor en un vestido morado. Bárbara captó lo que George Fox dijo con tanta elocuencia: «Y cuando todas mis esperanzas en ellos y en todos los hombres se hayan ido, que no tenga nada a mi alcance que me ayude, ni que me diga qué hacer, solo entonces escucho una voz que dice: "Hay uno, Cristo Jesús, que puede hablar a tu condición", y cuando lo escucho mi corazón salta de alegría.»

¿Cómo puede Bárbara mantenerse sonriente y repartir tanto gozo con sus palabras, con tantos dardos en el alma? ¿No te parece un poco a meter la cabeza en la arena? En realidad no. En los grandes temores de los humanos están que no seamos importantes, que no seamos amados y que vivamos y muramos solos. Como cristianos, tenemos todo eso cubierto. No importa quién seas, te hicieron a la imagen de Dios. Tu vida tiene eterno significado a través de Cristo. Aun en las relaciones más estables, a veces no podemos estar allí para ayudarnos unos a otros. Sin embargo, Cristo siempre estará allí. Te aman más allá de lo podrías esperar comprender. Cristo está contigo hoy como ayer, como lo estará mañana, y cuando recuestes tu cabeza por última vez, tu vida estará empezando.

Bárbara se aferró al evangelio, la verdad pura. Eso no es meter la cabeza en la arena. ¡Es levantar las manos al aire! Jesús no vino a llenar tu vida de cosas; vino a llenar tu vida de él mismo. No está por «ahí afuera», «está dentro». No tenemos el llamado de caminar tapándonos los oídos y a cantar la, la, la y esperar que el cielo no se caiga. La fe cristiana nunca está sin contentamiento. Frances Schaefer dijo que la fe cristiana nunca es un salto en la oscuridad. La fe cristiana siempre cree lo que Dios dijo y descansa en la obra consumada de Cristo en la cruz.

Es por creer en esto que Bárbara no tiene temor.

¿En dónde te encuentras hoy? ¿Quizá estás preocupada por un hijo que se alejó de los caminos de Dios, y el temor atrapó tu corazón y te preocupas por él? Tal vez miras la montaña de cuentas y el pobre balance de tu libreta de cheques, y el temor te ahoga.

¿Cómo puedes parecerte a Bárbara Johnson? ¿Cómo puedes confiar? Te animo a que des un salto a los brazos del Único que es capaz de llenar tu corazón con amor. Cristo no viene a quitar tus problemas, sino a caminar con nosotros a través de cada uno de ellos. Así que, ¡da un salto y vuela!

«Señor Jesús,

Gracias porque puedo confiar en ti.

Ayúdame a confiar más en ti.

Te pido que llenes mi corazón con amor

Mientras que doy el salto a tus brazos.

En tu nombre oro.

Amén.»

MI PASTOR

Thelma Wells

✗❤✗❤✗❤✗❤✗❤✗❤✗❤✗❤✗❤✗❤
El Señor es mi pastor, nada me falta.

SALMO 23:1

La mayoría de las veces cuando doy gracias antes de comer, digo con convicción: «El Señor es mi pastor, ¡nada me falta!» No porque sea un versículo corto que me permite comer más rápido que diciendo una oración, sino porque en realidad tiene significado para mí.

Cuando digo «El Señor es mi pastor», recuerdo que es mi Salvador, mi Amo, mi Soberano. Todo en todo. Tiene el control de mi vida. Como mi Pastor, me vigila para saber que me mantengo en el redil. Me ama incondicionalmente a pesar de que muchas veces tomo mi propio rumbo. Me protege del peligro y provee todo lo que necesito. Me reprende cuando hago algo malo y me consuela cuando estoy preocupada. Venda mis heridas cuando estoy herida y calma mis aprensiones cuando siento temor. Se interesa en mis relaciones cuando estas se tambalean. Me sumerge en su Espíritu cuando busco su rostro y se comunica conmigo de modo que puedo entender.

«¡Y nada me falta!» Eso me permite recordar que deseo ciertas cosas: cortinas, alfombras, y muebles nuevos. Estos son lujos, no necesidades, porque ya tengo estas cosas. Solo que quiero otras diferentes. ¿Saben a lo que me refiero? Dios promete proveer para todas nuestras necesidades de acuerdo a sus riquezas en gloria en Cristo Jesús... y sé que lo hará. También se deleita cuando nos da lo que queremos.

Recuerdo la ocasión cuando quería un contrato del gobierno para financiar mi negocio de locución. Preparé las solicitudes para las propuestas por casi un año y llegué a pensar que no había fin para toda esa cantidad de papeles. Después de someter mi propuesta, pasaron los meses sin respuesta. Oré, aguardé, esperé, sin una sola respuesta.

Finalmente, llamé a la oficina de una de las agencias y me dijeron que habían decidido no llevar a cabo los programas. Después recibí una carta indicándome que habían escogido a alguien más. Después recibí un cuestionario indicando que estaban volviendo a considerar mi propuesta. Me disgusté y desilusioné con el proceso gubernamental. (¿Será que escuché algunos «Amén»?) Me preguntaba si el Buen Pastor estaría de vacaciones dejando sus ovejas a la deriva.

Una de las cosas que puedo ver ahora en retrospectiva es que el tiempo que invertí en las propuestas y en la espera por una respuesta me fue preparando para manejar lo que ya Dios tenía planeado para mí. Como ven, durante el tiempo que escribí las propuestas tuve que hacer un montón de averiguaciones, recopilar mucha información y hacer una excelente preparación, y todo esto no hubiera ocurrido si no hubiera sido por las propuestas.

Por fin, cuando Dios supo que ya estaba preparada para aceptar los retos de mis deseos, abrió la puerta de la oportunidad y me dio un contrato aún mayor y mejor con una corporación privada, lo que desató una gran avalancha de nuevos negocios enseñando la diversidad cultural. Al correrse la voz del éxito de la capacitación y los beneficios para las corporaciones y las agencias gubernamentales, empecé a recibir llamadas de todos los Estados Unidos. Por más de una década, el trabajo caminó sobre ruedas. Toda la preparación recibió su justa retribución.

Cuando digo: «El Señor es mi pastor, nada me falta», es algo más que recitar una oración antes de comer. Es la afirmación de que el Buen Pastor vigila todos los asuntos de mi vida y me asegura que asumo la responsabilidad correspondiente.

¿Te has sentido defraudada o desilusionada sobre algo que querías y que Dios proveyó de una manera diferente a la que pediste? ¿Esperas escuchar una palabra del Buen Pastor? (La cual es muchísimo mejor que esperar las palabras del gobierno.) La próxima vez que escuches este versículo concéntrate en la garantía de que puedes depender de que Dios velará por ti, que te protegerá, consolará, que te reprenderá cuando sea necesario, que vendará tus heridas, calmará tus temores, cuidará tus relaciones, se comunicará contigo y te amará incondicionalmente. No tendrás necesidad de nada.

«Gracias, Señor, por asegurarme que tu poderosa mano proveedora se extenderá hacia nosotros en todas las situaciones de la vida. Ayúdanos a dar eso por sentado. Te alabamos como Pastor de nuestras vidas. Amén.»

EMPEZAR A SOÑAR

Luci Swindoll

Sin embargo, como está escrito: «Ningún ojo ha visto, ningún oído ha escuchado, ninguna mente humana ha concebido lo que Dios ha preparado para quienes lo aman.» Ahora bien, Dios nos ha revelado esto por medio de su Espíritu, pues el Espíritu lo examina todo, hasta las profundidades de Dios.

1 CORINTIOS 2:9-10

Visión es cuando tú ves y los demás no. Fe es cuando tú haces y los demás no.

Mi amiga Joanne tiene ambas virtudes. Es una excelente decoradora de interiores y puede ver una habitación terminada en su mente y saber cómo transformar esa imagen en realidad.

Mi hermano Chuck tiene ambos. Aunque tartamudeaba cuando era pequeño, pudo verse hablando en público. Con la ayuda de un profesor de drama, pudo memorizar y recitar poesías y así dejó de tartamudear.

Mi peluquera, Gloria, tiene ambos. Desanimada por la ausencia de su esposo, quien trabajaba en otra ciudad, renunció a un trabajo muy lucrativo y se mudó a donde él estaba... y abrió su propia tienda de artículos de belleza.

Con visión y con fe se pueden hacer las cosas. Hay una copla, escrita por Goethe, que dice así:

Lo que puedas hacer o soñar, empiézalo.

La audacia tiene genio, poder y magia.

Recuerdo muy bien los meses en que debatía acerca de comprar mi casa. Allí estaba con mis sesenta y dos años, nunca había sido dueña de una propiedad y metiéndome en una deuda de treinta años. ¿Me había vuelto loca? Quería un lugar que pudiera llamar mío. Me imaginaba lo que esto podía ser y con Dios como mi socio, di un paso de fe. Con la seguridad de su dirección, seguí adelante con audacia. Parecía algo mágico. Y ahora, ¡qué gran placer me ha dado este lugar!

Uno de las mayores secuelas de creer en algo, y después conquistarlo, es el gozo. A menudo digo: «Mi quehacer favorito en la vida es hacer algo nuevo disfrutando el momento.» Esta es la esencia del gozo. El diccionario Larousse lo define como «placer extremo proporcionado por la posesión de algo».

El salmista dice: «Deléitate en el SEÑOR, y él te concederá los deseos de tu corazón» (Salmo 37:4). Creo que esto resulta de dos maneras. Nos deleitamos, o encontramos gozo en el Señor, y él nos concede las peticiones de nuestro corazón. Pone sus deseos en nuestros corazones y los lleva a cabo. Me gusta eso. No, me deleito en eso.

Veámoslo de una manera práctica. Quizá tienes una idea de algo que quisieras hacer, pero tienes miedo. No has hecho nunca algo semejante anteriormente. Tal vez la idea no está fuera de tu alcance, pero sí fuera de tu área de comodidad y no te sientes competente para esa tarea. Empieza a orar: «Señor, si este deseo viene de ti, ¿lo llevarás a cabo? Ayúdame a saber dónde empezar.»

Y entonces empieza. Esta es la parte de la fe. Trabaja duro. Haz lo que tenga sentido para ti y luego da el próximo paso. Pregúntale al Señor con quién hablar que te podría ayudar. Habla con ellos y pídele al Señor que aleje el desánimo de tu puerta.

Al continuar, empezarás a experimentar arrojo por haber empezado. Actuaste según tus aspiraciones, las viste en tu mente y empezaste.

Así fue como empecé a escribir hace trece años. Alguien me desafió a que escribiera un libro y yo tenía un miedo mortal. Pero Dios me dio el deseo, me respondió cuando oré y fue un deleite.

¿Qué te ha dado él que tengas deseo de hacer? Puedes hacerlo. Cavila la idea y confía en él. Después empieza, y con deleite, ¡mira lo que sucede!

«Dame tu valor, Señor Jesús, para empezar cosas nuevas. Ayúdame a saber lo que quieres que haga y luego capacítame para hacerlo con gozo. Amén.»

IMPULSADA

Patsy Clairmont

✖❤✖❤✖❤✖❤✖❤✖❤✖❤✖❤✖❤✖❤✖

¡Cuán bueno, Señor, es darte gracias y entonar, oh
Altísimo, salmos a tu nombre; proclamar tu gran amor
por la mañana, y tu fidelidad por la noche ... Tú, Señor,
me llenas de alegría con tus maravillas; por eso alabaré
jubiloso las obras de tus manos. Oh Señor, ¡cuán
imponentes son tus obras, y cuán profundos
tus pensamientos!

Salmo 92:1-2,4-5

Recuerdo las mañanas cuando saltaba de la cama con toda la energía, lista para enfrentar al mundo. Está bien, de acuerdo. Quizá nunca realmente salté de la cama en la mañana, pero puedo decirles que hubo muchos días en que fui capaz de ganarle a una tortuga... ¡hoy la tortuga es más rápida que yo!

Mis quejidos... santo cielo, podrían escuchar la serie de gemidos que salen de mis labios cuando obligo a mi esqueleto a que se enderece. Los primeros pasos que intento, mis amigas, son un tormento, acompañados de alaridos a voz en cuello. El sonido de mi cuerpo es una combinación del chirrido de una puerta antigua con los aullidos de una sabuesa cuando está pariendo. Sin embargo, hacer estas consignas dolorosas para expresar mis dificultades físicas, me ayuda a seguir adelante. Soy como una máquina sin aceite, como un caldero sin vapor, como una melodía sin armonía (eso quiere decir que siempre estoy unas cuantas notas fuera del tono). En definitiva, necesito un impulso diario.

Debo admitir que el espejo no es el monitor que da la imagen que tenía en mente. Cuando arrastro mi pesado cuerpo al baño y debo enfrentar mi imagen, es ver un renacuajo fuera del agua, por no decir algo peor. Aunque mi cabeza le pone un poco de humor ¿no te pasa a ti? El pelo parado en todas las direcciones, con rizos almidonados y algunas trencillas pegadas al cráneo. Todo esto hace que una se pregunte qué soñé que causó tal turbulencia

He aquí la buena noticia. Ya nos podemos ver mejor cuando nos levantamos. Una buena cepillada, ensortijada, peinada, con laca, y nuestro cabello comienza a tener sentido, como se supone que se sujete a nuestras cabezas. Una vez que adornemos nuestra figura a la moda y nuestros pies calzados y cubiertas... cubiertas nuestras arrugas con maquillaje, estamos listas para un nuevo día.

En realidad, necesito este riguroso (sí, para mí es riguroso) régimen por las mañanas para levantarme del todo nueva. Esto cubre todas las arrugas de mi cuerpo, me quita el óxido de las células de mi cerebro y reactiva mi aletargada voluntad.

«Imagínate, Señor, que estuviéramos renuentes a iniciar un nuevo día que tú diseñaste con esmero. Perdona nuestros cuerpos rezagados por no brincar a tiempo en tus profundos planes. Aunque nuestros huesos carecen de su agilidad original, permite que nuestros espíritus sean flexibles para que con gozo nos extendamos hasta alcanzarte. Nuestros cuerpos quizá sean lentos; sin embargo, Señor, nuestro ser interior puede estar creciendo.

»Te agradecemos que nuestra apariencia no dependa de nuestro aspecto desbaratado. La apariencia que perdura emana de ti, Cristo. Tú eres nuestro encanto interior.

»Tu belleza derrama una cubierta de gracia que nos permite aun a los más cansados, los más ancianos y los más enclenques de tus hijos como yo, lucir mejor.

»Haz que tu Espíritu sea nuestro impulsor diario y que te podamos responder como te agrada. Haz que nuestras desordenadas y tormentosas mañanas se conviertan en gritos de alabanza y oración. Amén.»

LLÉNANOS DE NUEVO

Sheila Walsh

Él [Jesús], por su parte, solía retirarse a lugares solitarios para orar.

LUCAS 5:16

Los lugares de quietud se pueden encontrar en los sitios más ruidosos, si tienes el oído para escucharlos. Lo descubrí con un gato en mi regazo, un pajarito en mi cabeza y un conejo a mis pies.

Cursaba mi primer año de estudios teológicos y una de las clases que escogí fue «Fundamentos de la vida espiritual». Al finalizar el semestre, parte de la calificación dependía de hacer un retiro de silencio en un monasterio. La idea de silencio era desconcertante. Pensé en mis días en la Escuela Primaria Heathfield y cuántas veces tuve que pararme en un rincón por hablar mucho.

El hermano Michael nos dio la bienvenida a todos los estudiantes el día de nuestro retiro. Nos invitó a que pasáramos el día disfrutando de la presencia de Dios en los terrenos del monasterio. Acordamos vernos de nuevo por la tarde en la capilla, pero hasta entonces tendríamos varias horas con nosotros mismos. Todos nos dispersamos en varias direcciones.

Encontré un lugar maravilloso bajo la sombra de un viejo árbol. Me senté por unos minutos y disfruté del paisaje. Era un día bello y claro y mi vista abarcaba kilómetros a la redonda. Tenía un diario conmigo, así que podía escribir cualquier cosa que me viniera a la mente durante mi compañerismo con Dios. Tenía mi Biblia y mi librito de Manantiales en el Desierto, mi devocional favorito. Lo abrí en la lectura del día.

A la mitad de la lectura, un conejito cruzó frente a mí, y me detuve a observar la contracción de sus orejas como si presintiera que no estaba solo. Con un rápido impulso de sus patas traseras desapareció.

Proseguí con mi lectura y podía escuchar a la distancia a un pajarito que cantaba. Su trino era placentero y melódico y lo escuché por un momento.

Después un gato salió de unos arbustos y caminó hacia donde estaba recostada al tronco del árbol. Le rasqué la oreja y ronroneó en señal de gratitud y se sentó en mi regazo. Traté de leer por encima de su cabeza, pero me empujaba el libro para que le siguiera rascando las orejas.

Esto no está bien, pensé. Se supone que tenga un encuentro con Dios y no que le rasque las orejas a un gato. Lo siento, Micifuz, me arruinas este momento. Me levanté y Micifuz brincó al piso echándome una mirada de disgusto y se marchó. Di unos cuantos pasos adentrándome en el jardín y atravesé por una hilera de lápidas. Me arrodillé para leer las inscripciones y me di cuenta de que cada una hablaba de uno de los monjes del monasterio, quienes murieron mientras servían allí. Los epitafios eran conmovedores. Estos hombres obviamente fueron muy amados y se les echaba de menos. Me levanté y regresé a mi árbol.

Miré el reloj y me di cuenta que pasaron dos horas sin mucha espiritualidad. Hice toda clase de planes de lo que lograría ese día y definí también mis expectativas de cómo debía parecer. Sin embargo, nada salía conforme a lo planeado.

Estás fuera de control, Sheila, pensé. Vámonos.

Puse mis libros y mi diario en el suelo y me volví a recostar al árbol. El resto del día simplemente permanecí allí. No traté de meditar en pensamientos santos ni forzar mi mente a patrones preconcebidos. Me senté allí con los conejos, los pájaros y con Micifuz, quién decidió darme una segunda oportunidad.

Era un día maravilloso y cuando el sol empezaba a declinar, tuve la apreciación más profunda del regalo de la soledad y por mi sentido de compañerismo con Cristo mientras estaba sentada, rodeada de su maravillosa creación.

Momentos santos vienen a nosotros cada día si solamente pidiéramos tener ojos para verlos. Puede ser la luz del sol a través de una ventana mientras doblas la ropa recién lavada. Quizá al orar por tus amigos a Dios mientras pasas la aspiradora. No siempre podemos retirarnos a los montes a orar, pero Cristo puede encontrarse con nosotros en los lugares apacibles de nuestro corazón.

«En la quietud te adoro, Dios de toda gloria.

En la quietud te canto, Señor de toda vida.

Amén.»

UNA VIDA TRANQUILA

Luci Swindoll

[Oremos] para que tengamos paz y tranquilidad,
y llevemos una vida piadosa y digna.

1 TIMOTEO 2:2

Tengo una placa en la pared que dice: «Daría cualquier cosa por una vida tranquila.» Hoy vi una calcomanía en el parachoques de un automóvil que indicaba: «Suena la bocina si amas la paz y la quietud.» Así que soné la de mi auto. Hace poco encontré el *Librito de la Quietud*. Ya sabes a lo que me refiero. *Quietud, paz, calma*: aun pronunciarlas aquieta mi alma. Por eso me gusta vivir en el desierto.

El desierto es un lugar apacible. Nadie anda a la carrera. Mi primera semana aquí fui al mercado y exactamente en medio del estacionamiento dos mujeres hablaban de una tormenta. Como me hacía falta estacionarme, soné mi bocina sugiriendo que se movieran hacía un lado. Pensando que las saludaba, sencillamente sonrieron y me saludaron, y continuaron hablando. No se les ocurrió que quería interrumpir su conversación.

Me encanta la comunidad en el desierto. Pat y yo vivimos en la misma cuadra, Patsy está a una cuadra de distancia y Marilyn a dos. Siempre sacamos tiempo para vernos, para tener momentos de quietud juntas, olvidando el bullicio y lo acelerado de la vida. Todas las mañanas salgo con Marilyn a dar un paseo en bicicleta y a entregar periódicos. Ella me ofrece té y disfrutamos la visita. Pat y yo vamos a nuestros lugares favoritos a almorzar y conversar. Patsy se pasa en mi casa comparando las notas de los libros que leemos. Mi alma se edifica allí.

Hace un par de noches, una enorme luna llena apareció y Marilyn y yo nos sentamos en el patio de su casa a conversar sobre la oración. Estuvimos allí más de una hora, y aunque en realidad no teníamos el tiempo para hacerlo, decidimos que así fuera. Cuando llegué allí, ambas insistimos en que solamente teníamos unos minutos. Pero ninguna de las dos quería ponerle fin a ese momento. El desierto me recuerda mi niñez en Tejas: plana y polvorienta, con un enorme cielo, ranas croando y grillos chillando. Dedico tiempo para escucharlos y es reconfortante. En las noches calurosas del verano, me doy un baño de burbujas en la tina y ahí me quedo sumergida por un buen rato solo para relajarme. Escucho una bella música y tomo un vaso de limonada fría.

Sin embargo, cuando quiero retirarme por completo a una vida de quietud, no es con mis amigos, los grillos o la bañera. Es con el Señor. Eso es hablar de un bálsamo para mi espíritu. El gozo y el placer de hablar con el Señor son muy superiores a cualquier cosa que se pueda comprar en esta tierra. A través de la oración, me ubico y me sereno. Cuando todo permanece quieto, siento que el Señor se me aproxima mientras entro en su presencia.

Experimento un silencio total cuando estoy sola con él, lo cual me calma. Me fortalece para las tareas que tengo que realizar. En una sociedad donde todos les rendimos culto al activismo y los logros es fácil perder la oportunidad de disfrutar un tiempo a solas con Dios.

Recuerden lo que Jesús le dijo a Marta, quien era una hormiguita ocupada que vivía, supongo, una vida activa y ruidosa. Le dijo: «Marta, Marta … estás inquieta y preocupada por muchas cosas, pero solo una es necesaria. María ha escogido la mejor, y nadie se la quitará» (Lucas 10:41-42). Todos sabemos lo que María hacía: estaba sentada en calma, en silencio, a los pies del Maestro.

Cuando te sientas tentada a correr por todos lados sin que nadie te detenga, déjame retarte. Escoge la mejor parte. Pasa tiempo con tus amigas, descansa un rato y, más importante aun, pasa un rato con el Señor. ¡Ah! Daría cualquier cosa por una vida tranquila.

«Padre, dame el valor para detenerme de vez en cuando y la gracia para tomar tiempo para hacer las cosas necesarias. Amén.»

ESCUCHA Y AMA

Bárbara Johnson

Tú eres mi protector, mi refugio en
momentos de angustia.

SALMO 59:16

*E*l programa de radio estaba terminando. Por casi dos horas estuve sentada al lado del moderador del programa disfrutando la entrevista y respondiendo las preguntas y los comentarios de las personas que llamaban por teléfono, de la mejor manera que pude. Entonces vi el reloj que estaba detrás de su cabeza. Deseaba que terminara el programa, despedirme, quitarme los audífonos y decir hasta luego.

Faltaban diez minutos para terminar el programa, cuando el conductor del programa recibió una llamada de una mujer con voz temblorosa que se acababa de enterar que su hijo era homosexual. «Bárbara, creo que la homosexualidad es mala y quiero ayudar a mi hijo y mostrarle cuán extraviado está. Sin embargo, no quiere escucharme y dice que tampoco va a regresar a casa si sigo predicándole. No sé que más puedo hacer.»

Miré al moderador del programa, mientras la voz de la mujer se quebrantaba aun más. Los ojos de él, estaban cerrados y su cara tenía una mueca dolorosa, como si las palabras de la mujer le hubiesen provocado un repentino dolor de cabeza.

«Bueno», respondí, «en realidad te puedo decir qué es lo que no deberías hacer. No le prediques, no le cites versículos bíblicos y no le recites leyes espirituales. Eso fue lo que aprendí a través de una experiencia dolorosa cuando supe que mi propio hijo estaba involucrado en la homosexualidad. Las palabras que le dije lo alejaron de mí por once años. Por eso les digo a los padres que se pongan un parche en la boca y escuchen cuando sus hijos lleguen a casa. Simplemente escúchenlos y ámenlos. Esas son las dos mejores cosas que puedes hacer. Una manera de demostrar tu amor es escuchar. Como alguien dijo: «Para disminuir el dolor de una persona escucha su corazón.»

Ya en ese momento, todo el color de la cara del moderador había desaparecido. Pobrecito, pensé, debe tener migraña. Y seguí pensando mientras continuaba con mi respuesta a la persona que llamó.

«Te diré lo que Billy Graham opinó sobre esto. Cuando estaba en el programa 20/20, no hace mucho tiempo, Hugh Downs (el presentador) le preguntó a Billy si a la hora de tener un hijo homosexual lo seguiría amando. Billy no titubeó y dijo: "¡Ah, amaría a ese hijo aun más!" porque sabía que ese hijo necesitaría más amor y que esa sería la única manera en que podría alcanzarlo.»

Cuando la persona que estaba en el teléfono colgó, el moderador, que ahora parecía que estaba a punto de llorar, se quitó el micrófono. El programa se interrumpió por un comercial. «Barbarita», me dijo, «¿podrías terminar el programa?... Tengo que salir por un momento.»

«Pe-pe-ro, ¿yo sola?», atónita tartamudeé. Sin embargo, ya se había ido. Antes de que pudiera recobrar el aliento, los técnicos me hicieron señas a través de la ventana indicándome que continuara. A través de los audífonos escuché: «Bárbara estás en el aire.»

Me las arreglé para presionar el botón intermitente del teléfono para un par de llamadas más, y entonces, gracias a Dios el programa terminó. Al quitarme los audífonos y recostarme en el respaldo de la silla, el moderador entró al estudio.

«Siento mucho haberte hecho esto Barbarita, pero ya no podía seguir. He estado en la radiodifusión por veinticinco años y pensé que podía arreglármela con cualquier cosa que se me presentara, pero lo que le dijiste a esa persona que llamó, influyó en mí como nunca nada lo hizo. Sabes...» Por momento hizo una pausa, tratando de mantener el control. «Mi hijo nos acaba de decir que es homosexual y mi esposa quedó totalmente destrozada.»

Mi corazón se conmovió ante la confesión de ese hombre porque sabía muy bien cómo se sentía. Estaba sumido en uno de baches de la vida en que se siente como si un desfile de tractores te hubieran pasado por encima y aplastado tu cuerpo.

La vida de los padres es dura. Apenas das un respiro de descanso después que sales de ponerle pañales, la guardería, conducir un auto y los diplomas, y después viene un terrible desastre que te hace añorar los días cuando tu mayor dilema era preparar suficiente leche o lavar los pañales. Cuando esas tormentas de la vida nos aplastan contra el techo, lo único que podemos hacer es amar: a Dios y a nuestros hijos, y entregarlos por completo al Señor para que los arregle. Proverbios 10:12 nos recuerda que «el amor cubre todas las faltas», y eso es verdad para los hijos de Dios.

Cuán maravilloso es para nosotros los padres que estamos doloridos saber que no tenemos que soportar esas tragedias solos. Nuestro amante Padre celestial está con nosotros cuando los hijos nos rompen el corazón. Al aferrarnos a la Palabra de Dios nos mantenemos res-

pirando y creyendo. Como escribió el salmista: «Este es mi consuelo en medio del dolor: que tu promesa me da vida» (Salmo
119:50).

«*Amado Señor, tú eres mi fortaleza y mi consuelo. Me aferro a ti
cuando las tormentas de la vida amenazan con destruirme. Gracias,
Padre, por ceñirme a ti. Amén.*»

INSOMNE EN LA ETERNIDAD

Marilyn Meberg

✖❤✖❤✖❤✖❤✖❤✖❤✖❤✖❤✖❤

Él jamás me dejará tropezar, resbalar o caer, porque
siempre se mantiene vigilante y nunca duerme.

SALMO 121:3-4, LA BIBLIA AL DÍA

Me molesta la necesidad de dormir. No puedo recordar cuándo en mi vida me atrajera el deseo de dormir. Es más, no solamente me resulta desagradable, sino aburrido. Por ejemplo, me desperté esta mañana como a las tres y quince y me quedé sorprendida por la intensa luz que se colaba por las persianas verticales de mi ventana.

Debe ser la luz de un reflector del condominio, pensé. Me van a capturar por algo. ¡Bueno, hay que darle el toque dramático para una hora tan temprana!

Me asomé por las persianas y me di cuenta que una brillante luna llena era la responsable de tanto resplandor. No era el SWAT [equipo especial de la policía], ni tampoco agentes extranjeros. Simplemente una luna fenomenal.

Me sentí impulsada a ponerme una chaqueta, saltar a mi bicicleta y pasear por el vecindario. Esa luna se iba a desperdiciar ahí afuera. ¿Pero me atrevería? ¡Por supuesto que no! Una viuda pedaleando a las tres y quince de la mañana, con ropas de dormir abajo de la chaqueta, puede provocar un prejuicio equivocado. Y no solamente eso, y esto es lo que en realidad me molesta, si fuera a hacer piruetas aprovechando la luz de la luna, sé que me sentiría en terribles condiciones al siguiente día. ¿Por qué? Porque el sueño es obligatorio. Si no dormimos, nos sentimos atontados y cansados.

¿No sería divertido si dormir fuese voluntario? Dormir si quieres y no dormir si no quieres.

Mi sitio predilecto es Nueva York. Tal vez has escuchado que se le conoce como la ciudad que nunca duerme. Eso es lo que a mí me gusta de esa ciudad. Tal parece que todo el mundo considera que dormir es una actividad voluntaria. La gente anda por las aceras toda la noche. Si saliera a las calles de Nueva York a las tres y quince de la mañana nadie pensaría nada malo.

La casa Hephzibah es mi lugar favorito para quedarme en Nueva York. Es un edificio antiguo construido con piedra arenisca y en la actualidad es una casa de huéspedes cristiana, a una media cuadra del Parque Central y como a unas tres cuadras del Centro Lincoln: un vecindario maravilloso. Durante una de mis visitas a ese lugar, mi buena amiga Mary Graham y yo decidimos ir a caminar por las calles antes de acostarnos a dormir. Aunque era media noche en Nueva York, eran las nueve en la costa oeste y quería estirar un poco mis acalambradas piernas por el viaje en el avión. Una nieve suavecita empezó a caer y me entusiasmó haciéndome que me apretujara más dentro de mi abrigo de plumas de ganso. ¡Estaba henchida de alegría!

«Mary», le dije, «¿crees que la necesidad de dormir sea parte de la caída en el jardín del Edén? ¿Crees que pueda echarle la culpa de eso a Adán y a Eva?»

Dialogamos sobre la idea por un rato. La primera pareja comió antes de la caída; ¿fue voluntario o hizo falta? Si uno estuviera en un lugar perfecto como el Edén, estaríamos de acuerdo en que no habría necesidades, sino solo opciones agradables. La comida para ellos simplemente hubiera sido una opción deliciosa y a lo mejor así sería el sueño.

Nos la pasamos conversando casi toda la noche, comimos un poquito y mientras bebíamos sendas tasas de té de hierbas, me empecé a sentir soñolienta. El restaurante estaba lleno de gente hablando animadamente, algunos probando bebidas calientes, otros comiendo huevos con tocino. Afuera, podía ver que la nieve seguía cayendo y que las aceras aún estaban llenas de personas que se movían en todas direcciones.

«Mary», le dije, «Adán y Eva en verdad me enojan. Dormir no es una opción agradable para mí, es una necesidad. ¡Esa necesidad es culpa de ellos!»

Sonriente me dijo: «Sí, a mí también me irrita», y con eso nos regresamos a la Casa Hephzibah.

Dos pensamientos me consolaron acerca de Dios y de toda este asunto de dormir. Cuando la Escritura afirma que él se mantiene vigilante y que nunca duerme, me emociona darme cuenta que si me despertara en la noche, él está despierto. También detesto ser la única persona despierta en la noche. Algunos de mis mejores tiempos con Dios ocurren durante las primeras horas de la mañana, cuando nadie más está despierto. Muchos son los asuntos que he resuelto durante algunas de estas charlas nocturnas. Otras veces, simplemente me siento confortada por su presencia. Algunas veces no hablamos nada, pero sé que él está ahí.

El otro consuelo es que debido a que Dios no duerme, y porque las Escrituras dicen que en el cielo yo seré como él, llegará el día cuando tampoco tendré que dormir. Es decir, una eternidad en que no hay noches, puedo leer para siempre, charlar sin cesar y aun cantar eternamente. No me cansaré ni me dará sueño. Ese futuro celestial me llena de gozo con antelación. ¡Qué gran recompensa poder irnos a dormir aquí en la tierra!

Supongo que hasta que no venga la eternidad seguiré quejándome por culpa de Adán y Eva. Quizá sí, o quizás no, pero siempre me hacen enojar.

«Señor, te doy gracias porque me velas aun en las primeras horas de la mañana. Me escuchas, consuelas, animas e iluminas. Estás allí, solo allí. Gracias por eso. Amén.»

ATRAPADA

Patsy Clairmont

✗❤✗❤✗❤✗❤✗❤✗❤✗❤✗❤✗❤✗❤✗❤
El corazón sabio sabe cuándo y cómo acatarlas.

ECLESIASTÉS 8:5

¿Se acuerdan de Pulgarcito? Pues bien, ¡creo que su hermano vive en mi radio reloj! En verdad, alguien trata de salir de mi reloj. Puedo escuchar cuando golpea. Si supiera la clave Morse, quizá podría descifrar sus continuas súplicas pidiendo ayuda. Día y noche, sin cesar: tac, tac, tac. Puesto que es un radio reloj, a lo mejor el golpeteo lo produce el mismo hermano de Pulgarcito al bailar. Quizá se trate del rap. A lo mejor es un rapero. Sin embargo, tal vez esté ya cansado y atrapado por el tiempo y quisiera que algo alivie su frustración.

Parece que todos vivimos al ritmo del golpeteo permanente del reloj. A menudo, cuando le pido a una amiga que nos reunamos a tomar té, escucho: «¡Cómo me encantaría, pero debo seguir con _____.» Llena el espacio con «mis citas», «mis planes», «mis plazos». El ir y venir de un lado a otro preguntando dónde, o en qué se fue el día. Nos quedamos perplejos de cuán pocas o muchas cosas pueden lograrse en el tiempo que nos dieron, ¿no es así?

Casi siempre estoy retrasada, jugando al gato y al ratón, quitándole a Pedro para dárselo a Juan. No obstante, dame un día libre y de seguro se desliza por mis dedos (como ocurre con el cheque de mi salario). Así que, mientras más trato de apegarme a mis momentos especiales, parece que el reloj golpea más deprisa. Lo irónico del caso es que los días más difíciles, los dolorosos, los aburridos, parecen extenderse en horas interminables.

En todo esto, lo digo a los cincuenta y dos años de edad, mis días se desvanecieron a la manera de la Escritura: «como el humo». ¡Caramba! Cincuenta y dos años que llegaron y se fueron.

Al final del día, siempre recorro mentalmente los logros o la falta de ellos. Esos son los irritantes tac, tac, tac del recuerdo y los rap, rap, rap los remordimientos por lo que no hice o no logré. Pienso que el hermano de Pulgarcito y yo nos parecemos. También, me siento encajonada en una cámara de tiempo que algunas veces me roba la paz. En lugar de sonar y sonar, mi manera de tratar con el eterno reloj es batir. Abro mis alas tratando de levantar mi hermoso cuerpo para simplemente estrellarme igual que esos pájaros que aterrizan en picada.

La tierra es el problema. Mientras nos mantengamos encadenados a la tierra en esta vida, estaremos restringidos por el tic tac siempre presente del reloj. Cuando llegue el día en que nos liberen del tiempo y entremos a la dulce libertad, nunca más deberemos consultar al Omega ni al Bulova. ¡Aleluya! Hasta entonces, debemos hacer las paces con el artefacto del tiempo. Así que no pases tu tiempo golpeando la cabeza contra el reloj como lo hace el hermano de Pulgarcito. Aquí tienes algunos consejos. Trataría de hacerlos si fuera tú:

1. No colmes tanto el día que no puedas disfrutar el viaje.
2. No dejes de planificar y pierdas lo emocionante de un día fructífero.
3. No subestimes una siesta, una mecedora o un buen libro.
4. No te conviertas en perezosa.
5. Ofrece tu gratitud por los momentos que se te asignaron.
6. Celebra aunque sea el pasar de los días. (Porque lo diseñó así: ¡puf!)
7. Apodérate de tu tiempo aquí en la tierra, no solo batiendo las alas, sino remontándote cada vez más alto. Conduce tus días con la certeza de un futuro ilimitado y una eternidad sin tiempo.

«Señor, gracias por la estructura que tenemos del tiempo así no pasan en vano nuestros días. Ayúdanos a descansar y correr en la proporción adecuada. Si nos dejas hacer las cosas solas, algunas correremos y otras nos derrumbaremos. De cualquier manera, o pasará vertiginosamente o nos dormiremos sin disfrutar el gozo. Enséñanos, Señor, a valorar nuestros días y redimir nuestros momentos. En el nombre eterno de Cristo Jesús. Amén.»

CUENTAGOTAS DE NOMBRES

Bárbara Johnson

✘❤✘❤✘❤✘❤✘❤✘❤✘❤✘❤✘❤✘❤✘❤
Nuestra ayuda está en el nombre del Señor,
creador del cielo y de la tierra.

Salmo 124:8

En la central telefónica del aeropuerto internacional de Denver, cada uno de los treinta y seis operadores pueden contestar más o menos doscientas sesenta llamadas diarias. Luego pasar los mensajes a algunos de los noventa mil pasajeros y otros que pasan por el lugar en un período de veinticuatro horas.

Algunas veces los mensajes son desesperados, como el de una joven que ayudó a su padre a cargar el equipaje hasta el mostrador dónde debían revisarlo para su viaje a Bangkok. Y después que la joven regresó al estacionamiento, se dio cuenta de un grave problema. Allí es cuando la central telefónica entrega un mensaje suplicante: «¡No te subas a ese avión! Tienes las únicas llaves del auto de Sara en tu bolsillo.»

Leí acerca de un hombre que llamó a su esposa desde un teléfono público en un aeropuerto. Cuando ya había usado todas sus mone-das, la operadora interrumpió para decirle que le quedaba un minuto. El hombre trató de finalizar la conversación con su esposa, pero antes de que pudieran despedirse, la línea quedó muerta. Suspirando, el hombre colgó y ya se disponía a dejar la caseta telefónica... cuando sonó el teléfono. Creyendo que era la operadora requiriendo más dinero, el hombre no se atrevía a contestar, pero algo le dijo que levantara el teléfono. Y realmente era la operadora, pero no para pedirle más dinero, sino para decirle que tenía un mensaje para él.

«Después que colgó el teléfono», le dijo la operadora, «su esposa le dijo que lo amaba. Pensé que quería saberlo.»

Operadores con un corazón tierno como este mencionó Michael Booths en su artículo para el Denver Post (11 de julio de 1997). El artículo se refería al ritmo tan ajetreado, de un día cualquiera, en la central telefónica del aeropuerto de Denver. Un supervisor relató que algunas veces transmite mensajes de alguna novia enamorada que le ruega que llame a su novio a punto de salir de viaje. «Una vez que el chico escucha el llamado y le digo: "Silvia dice que te ama", se queda pensando y dice: "¿Cómo lo sabes?"»

Algunas veces los nombres que deben llamarse son tan difíciles de pronunciar que los operadores tienen que recurrir a una línea de idiomas que los ayude a traducir a diferentes dialectos. También está la lista de nombres prohibidos, una lista de nombres cuyo significado puede ser velado y los operadores tienen la instrucción de no pasarlos por el altavoz. Por ejemplo, nunca escuchará este llamado por los altavoces en el aeropuerto de Denver: «Esta llamada es para la señora Fer, Lucy Fer.» Tampoco escuchará que la llamada es para la señorita Garro, Elsy Garro; ni para el señor Pinto, Aquiles Pinto. Tampoco escuchará un llamado para la señora Barriga, Dolores de Barriga. También hay ocasiones en que alguno de los que llaman le hacen una bromita a los operadores. Eso sucedió el verano pasado, cuando el llamado fue para un tal Dopolina, señor Bob Dopolina. De acuerdo con el Denver Post, «miles de pasajeros pueden hasta ponerle una tonadita a nombres así y empezarla a tararear: "Bobdopolina, bob, do, po, popopo, lina; bob, do, po, popopo, lina."»

Cuando leo acerca de la transmisión de estos mensajes, me da risa, pero entonces pienso lo afortunados que somos porque cuando necesitamos pasar un mensaje urgente a nuestro Padre celestial, no tenemos que enviar nuestra petición a través de una ocupadísima central telefónica. Isaías 58:9, promete: «Llamarás, y el SEÑOR responderá; pedirás ayuda, y él dirá: "¡Aquí estoy!"»

Tampoco tenemos que preocuparnos que el Señor piense que somos personas ficticias. Nos conoce, a cada una, desde que nos puso en el vientre de nuestra madre (Salmo 139:13).

Nos conoce por nombre (Éxodo 33:17) y nunca tartamudeará en la pronunciación ni olvidará quiénes somos. Lleva nuestros nombres en sus manos (Isaías 49:16).

Podemos estar seguras que conoce mucho más que solamente nuestros nombres; sabe todo acerca de nosotras (Salmo 139:13) y, aún así, nos ama. No es como lo que ocurrió cuando un niño corrió a la orilla de la cancha, mientras probaba suerte en el equipo de fútbol, y le dijo a su mamá: «Mami, creo que soy mejor de lo que pensé. Sin duda, el entrenador oyó hablar de mí porque a todos los llamó por el número. Sin embargo, ¡a mí me llamó por el nombre!»

La madre no tuvo corazón para decirle que era el único que tenía el nombre impreso sobre el número atrás en la camisa.

«Amado Señor, tú susurras mi nombre y mis temores se calman. Grabaste mi nombre en tus manos y me deleita saber que estoy allí. Lees hasta mis pensamientos más ocultos: el dolor que siento, la tensión por la que paso, el gozo que busco y el amor que tengo por ti, y me entiendes. Gracias, Señor. Amén.»

PAPÁ

Marilyn Meberg

✗♥✗♥✗♥✗♥✗♥✗♥✗♥✗♥✗♥✗♥

«Yo seré un padre para ustedes, y ustedes serán mis hijos y mis hijas, dice el Señor Todopoderoso.»

2 Corintios 6:18

*C*iertos animales siempre me hacen reír tontamente. Mientras más raro se ven, más disparejo caminen y tengan los más extraños hábitos, más me entretienen. Este verano estaba en Londres y una mañana, mientras bebía una taza de té inglés, leía The London Times. Y cuando abrí la página cuatro, para mi deleite, el periódico mostraba una enorme foto de un bebé avestruz. La fotografía mostraba al bebé corriendo tan rápido como sus patas largas podrían soportarlo. Los avestruces están entre los animales que califican más alto entre los que me hacen reír, así que me ensimismé en la historia con gran expectación.

En vez de encontrar una historia divertida, la encontré interesantemente patética. El propietario del zoológico de Welland, Worcestershire, enfrentaba un dilema. Necesitaba un papá avestruz para cuatro recién nacidos. Tan pronto como salen del cascarón, el padre sale corriendo a toda velocidad y le sigue su cría. Esto desarrolla los músculos de las piernas, lo que a la larga le permite a los avestruces poder correr a sesenta y cinco kilómetros por hora.

Estos animalitos no nacieron en estado salvaje, sino en un zoológico. Así que el dueño del zoológico puso anuncios para que se presentaran voluntarios que se hicieran pasar por machos avestruces dos horas al día. Los voluntarios tenían que tener la capacidad de correr treinta kilómetros por hora, y mover sus brazos simulando aleteos al mismo tiempo. El dueño decía que la persona debía estar en óptimas condiciones físicas porque si dejaba de correr, el bebé avestruz se sentaba.

«El mejor atleta sería ideal para ese trabajo», decía el caballero, «pero al individuo que no le importe aletear al mismo tiempo que correr, será lo perfecto. Los polluelos piensan que es el papá. Tiene una buena visión, pero no son muy inteligentes.»

Me divertía el hecho de que pudiera ser la voluntaria que se hiciera pasar por el avestruz macho, pero me encontré más bien preocupada en la necesidad de que los bebés pudieran tener un padre que les enseñara lo que necesitan para sobrevivir en el mundo.

En contraste a la tierna y patética historia, está la que leí la semana pasada sobre unos jóvenes elefantes delincuentes, quienes matan rinocerontes en el Parque Nacional de Pilanesberg, en el noroeste de Sudáfrica, al arrodillarse sobre ellos y matarlos. Al parecer, los jóvenes elefantes no tienen otro motivo para matar que el simple placer de hacerlo.

Los expertos en el comportamiento de los animales tienen una teoría, y aunque enfatizan que es una simple especulación, la idea es impresionante. Todos los elefantes causantes del problema son huérfanos. Desde pequeños, los separaron de sus padres durante una operación de recorte en el Parque Nacional de Kruger. A los elefanticos los ubicaron en otro lugar para establecer poblaciones de elefantes en los parques y las reservaciones privadas a través de Sudáfrica.

La mayoría de los elefanticos eran machos y crecieron sin la presencia de elefantes adultos o a la estructura social jerárquica que define la vida de los elefantes. El efecto a largo plazo de esta separación perece ser una generación de jóvenes delincuentes. En circunstancias normales, un dominante y viejo elefante macho mantiene a los jovencitos a raya. Para los reubicados elefantes, no existe tal modelo de conducta. Sin embargo, para el próximo año se enviarán a Pilanesberg unos cuantos elefantes de cuarenta años para ayudar a poner las cosas en calma.

El paralelo entre los elefantes huérfanos y la necesidad del papel de un modelo masculino enérgico y nuestra estructura social humana es extraordinario. Sabemos que la criminalidad juvenil es más elevada entre los que vienen de hogares rotos sin padres.

¿No es interesante que la huella divina del orden en el mundo es evidente en toda la creación animal y humana? Dios creó al hombre para desempeñar un papel inspirado por Dios. Cuando esa responsabilidad se interrumpe, abandona o aborta, la confusión y el caos son la consecuencia lógica. Por supuesto, hay veces que la ausencia del padre no trae desorden, sino más bien un sentido profundo de pérdida del modelo masculino.

El papá de Tomás murió cuando tenía doce años y guardó maravillosos recuerdos del compromiso de su padre con Cristo y la familia. Aun así, había un vacío en el alma de Tomás que nunca pudo llenarse. Quería y necesitaba un padre que lo guiara a través de sus años de juventud, para escoger una carrera y en el desarrollo de su teología de la vida. A pesar de una madre amorosa, hubo ocasiones en que necesitó un padre.

Uno de los pasajes de la Escritura que más me emocionan es Gálatas 4:6 en el que Dios nos dice: «Ustedes ya son hijos. Dios ha enviado a nuestros corazones el Espíritu de su Hijo, que clama: "¡Abba! ¡Padre!"» La palabra hebrea Abba significa «papá». Esto nos recuerda que nunca estamos totalmente huérfanos y que, en momentos de desesperación, podemos clamar una oración como esta:

«Papá, oh Papá, consuélame, abrázame. Necesito mucho tu ternura. Necesito mucho tu tierna presencia. Sé conmigo, amado Papá. Déjame descansar, reposar y encontrar paz en ti. Amén.»

VIDA DE ARMARIO

Bárbara Johnson

La carta de la mujer era de cuatro páginas por los dos lados escrita a mano con letra pequeña y clara. Sus palabras expresaban la angustia por la infidelidad de su esposo, sus propios y devastadores problemas de salud y finalmente el anuncio de su hijo al declararle que era homosexual. En la parte superior de la primera página escribió en un recuadro con letras grandes: «Barbarita, por favor, no imprimas nada de esto porque todavía estoy en el armario.»

Hay por todo el mundo muchos padres heridos que se encuentran escondidos en millones de armarios mentales de tenebrosa desesperación. Una mujer escribió una carta que decía: «Mi hijo homosexual salió del armario... ¡y nosotros nos metimos en él!» Otra decía: «Después que nuestro hijo nos dijo que era homosexual nos pegamos al techo, igual que tú, Barbarita. Después caímos al piso y rebotamos al armario. Ha pasado casi un año y aún estamos allí.»

Parafraseando esta carta diríamos, los muchachos dicen las cosas más terribles... y una de las más difíciles de escuchar es: «Mamá y papá soy homosexual.» Ahí es cuando a muchos padres cristianos se les quebranta el corazón, se les hace un nudo en el estómago y el ego se les hace añicos por la humillación. Se encuentran a sí mismos encerrados en el armario, casi imposibilitados de respirar y mucho menos de actuar con normalidad.

Si eres un padre dolorido, aquí hay buenas noticias para ti. No estás solo en el armario. Jesús dijo: «Y les aseguro que estaré con ustedes todos los días, aun en la esquina más recóndita del oscuro armario» (traducción parafraseada para padres doloridos de Mateo 28:20). Aquieta tu tristeza por un momento y siente su presencia a tu lado. Siente que eres bienvenido a sus brazos, apretado contra su corazón, lleno de su amor y tierna misericordia, confortado por sus promesas. Él sabe cuánto es tu dolor. Después de todo, ¡el ama a tu hijo descarriado aun más de lo que tú lo amas!

Por último, cuando te encuentres capacitada con una pizca de fortaleza, extiende una mano y agarra a otro padre dolorido que también está hecho un ovillo en la oscuridad del armario. Alguien dijo que Dios no nos puso en esta tierra para ser consolados, sino para consolar. El profeta Isaías escribió: «[El SEÑOR] me ha ungido para ... sanar los corazones heridos ... a consolar a todos los que están de duelo» (Isaías 61:1b-2).

Si eres un padre, el dolor es inevitable... pero la miseria es opcional. El hecho de que te sientas decaído no significa que se acabó tu mundo. Como dice el refrán: Aun el sol tiene un momento de decadencia al terminar la tarde. Pero a la mañana siguiente, como masa de pan en la oscuridad del horno, se levanta.

Nosotros, los padres cristianos, podemos llegar hasta lo más bajo como cualquier otro. Sin embargo, tenemos una habilidad especial de la que carecen los no creyentes. ¡Rebotamos! Así que cuando te sientas que vas en dirección al armario, asegúrate de dejar la puerta abierta. Así no la derribarás cuando salgas de ella.

«Padre celestial, sé conmigo en el armario. Amén.»

VEN A CASA

Sheila Walsh

✗❤✗❤✗❤✗❤✗❤✗❤✗❤✗❤✗❤✗❤✗❤
Si confesamos nuestros pecados, Dios, que es fiel y
justo, nos los perdonará y nos limpiará de toda maldad.

1 JUAN 1:9

Me encanta regresar a casa. Esa es una de las razones que
más tomo en cuenta en cada oportunidad que tengo de
hacer un viaje a mi Escocia natal. En uno de esos viajes, me invitaron como cantante a una cruzada de Billy Graham. Me senté y la
lluvia golpeaba la plataforma mientras George Beverly Shea ento-
naba el bello himno:

*«Cuán tiernamente Jesús hoy nos llama
Con insistente bondad.»*

Una húmeda tarde de sábado, vi la multitud que se congregaba en
un estadio de fútbol en Escocia y me maravilló que la participación
del doctor Billy Graham pudiera llenar el lugar. Si hubiera sido
Chicago o Nueva York, hubiera esperado ver un mar de caras, pero
allí, en mi propia tierra, esto fue sobrecogedor. Vi a la multitud que
hacía suya cada palabra.

*«Venid, a mí, venid,
Los que cansados estéis.»*

El mensaje de Billy fue sencillo e intransigente. No fueron cam-
panas ni silbidos los que provocaron que la multitud «inclinara» la
cabeza, sino un simple llamado: «Ven a casa.» Vi por todos lados
cabezas rapadas y tatuajes, niños corriendo por entre los charcos, y
arrugados y cansados rostros que se apiñaban bajo las sombrillas, y
me pregunté cuál sería la respuesta.

Me preguntaba si el mensaje sonaba muy bueno para ser verdad.
Me preguntaba si el mensaje parecía muy simple.

Pero entonces empezó... como un torrente, la gente comenzó como
un río a pasar al frente para recibir a Cristo. Tuve que meter la cara
entre mis manos, sobrecogida de puro gozo de ser la espectadora de
tal regreso a casa: «Les digo que así es también en el cielo: habrá más
alegría por un solo pecador que se arrepienta, que por noventa y

nueve justos que no necesitan arrepentirse» (Lucas 15:7). Sabía que una gran celebración de «regreso a casa» se festejaba en el cielo.

Cuando la cruzada terminó, esperaba al lado de la plataforma para que me llevaran de vuelta al hotel. Una mujer que venía abrigada con un sobretodo a cuadros, tocó mi brazo y me dijo:

—Disfruté mucho oírte cantar esta noche.

—Muchas gracias —contesté—. ¡Fue una noche maravillosa!

—También lo fue para mí —dijo ella—. Nunca volveré a ser la misma.

—¿Qué quieres decir? —le pregunté.

Ella me vio por un momento, como si se le dificultara expresarlo en palabras.

—He ido a la iglesia toda mi vida, pero esta noche regresé a casa.

La rodeé con mis brazos y la abracé, y las lágrimas y la lluvia corrían por nuestros rostros.

Me pregunto si tu caso es como el de esta mujer. ¿Has estado dando vueltas alrededor del edificio por años... pero nunca has regresado a casa? Sería una lástima sentarse en la iglesia todos los domingos y escuchar lo que se dice de Dios y nunca entender que esta es una invitación personal: ¡Vuelve a casa! Tienes puesta una alfombra de bienvenida solo para ti.

«Si confesamos nuestros pecados, Dios, que es fiel y justo, nos los perdonará y nos limpiará de toda maldad» (1 de Juan 1:9). ¿No es eso grandioso? ¿No es eso simple? Todo lo que necesitas es orar.

«Padre, gracias porque me amas. Gracias porque Jesús murió por mí. Quiero regresar a casa. Gracias por esperarme. Amén.»

¡Vía Libre al Gozo! es un libro de Women of
Faith [Mujeres de Fe].

Women of Faith se ha asociado con Editorial Vida, Zondervan
Publishing House, Integrity Music, la revista Today's Christian
Woman y Campus Crusade a fin de ofrecer conferencias, pu-
blicaciones, música de adoración y obsequios de inspiración
para afirmar y animar a las mujeres cristianas.

Desde su comienzo en enero de 1996, las conferencias de
Women of Faith gozan de gran aceptación en Estados Unidos.

Para mayor información dirígete a la página de la Internet:

www.women-of-faith.com

¿Quieres descubrir otras vías de gozo y paz?

Sigue leyendo...

GOZO PARA EL
ALMA DE LA MUJER

Contiene pensamientos edificantes de dinámicas autoras y con-
ferenciantes como Bárbara Johnson, Marilyn Meberg, Luci Swindoll, Sheila Walsh, Patsy Clairmont y Thelma Wells, entre otras.
Con pasajes de las Escrituras de la Nueva Versión Internacional,
Gozo para el Alma de la Mujer tiene como propósito renovar
su espíritu con promesas de Dios que le traerán muchísimo gozo.
Excelente libro de regalo.

ISBN 0-8297-2144-4

PALABRAS DE VIDA

¡Promesas y conceptos juiciosos de la Palabra de Dios que le alentarán y guiarán! Organizado por temas, este libro de promesas contiene pasajes de las Escrituras de la Nueva Versión Internacional y oportunos devocionales. Cuenta con la contribución de mujeres como Joni Eareckson Tada, Ruth Bell Graham, Emilie Barnes, Rosa Parks y Elizabeth Elliot, entre otras. Este hermoso libro es perfecto para uso personal o para disfrutar en grupo.

ISBN 0-8297-2301-3

BIBLIA DEVOCIONAL PARA LA MUJER

Contiene cincuenta y dos semanas de devocionales. Destacadas mujeres de todo el mundo los escribieron para llevarle gozo e inspiración a su vida cada día. Incluye un plan de lectura que le ayudará a leer la Biblia, de principio a fin, en un año. Esta Biblia puede ser un estupendo regalo.

ISBN 0-8297-2752-3 Rústica
ISBN 0-8297-2393-5 Imitación

PROMESAS DE DIOS PARA LA MUJER

Una colección especial de las Escrituras sacada de La Biblia al Día y meditaciones para la mujer que ofrecen aliento para disfrutar una vida llena de fe. También presenta citas inspiradoras de mujeres bien conocidas tales como Bárbara Johnson, Joni Eareckson Tada, Corrie ten Boom, Luci Swindoll, etc.

ISBN 0-8297-1975-X

GOZO BUMERÁN

Este libro está repleto de buen sentido del humor y risas. En sesenta devocionales salpicados de sabiduría y humor nos motiva a desarrollar una vida llena de gozo. Es el tónico perfecto para cuando se sienta cansado, agotado o necesite risas y motivación. La inspiración de Bárbara Johnson le ayudará a desarrollar una mejor relación con Dios y a lanzar el gozo de conocer su amor. Así que recuerde: ¡El gozo que se lanza siempre vuelve!

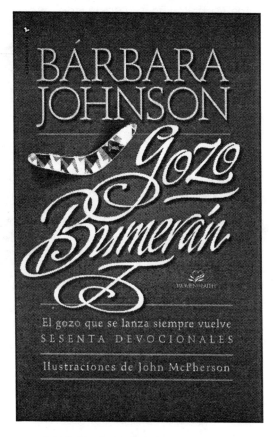

ISBN 0-8297-1688-2

LA ALQUIMIA DEL CORAZÓN

Este libro es un grito de libertad. Es ideal para que sus lectores se vean a la luz de las circunstancias y comprendan que nada ni nadie tiene el derecho ni la autoridad de frenar el desarrollo total del carácter. Con su sincera, cálida y humorística manera, Luci Swindoll abre una puerta tras otra para comprender el proceso de Dios para refinar a sus hijos: nuestro proceso de vivir y aprender a ser libres.

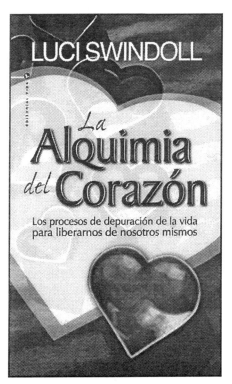

I S B N   0 - 8 2 9 7 - 1 8 7 1 - 0

LO QUE LOS ESPOSOS DESEAN QUE LAS ESPOSAS SEPAN SOBRE LOS HOMBRES

Si alguna vez se preguntó «¿Quién es este hombre con el que estoy casada?», no debe dejar pasar por alto este libro. No se trata de que haya algo malo en su esposo… ni en usted. Es que los dos abordan las situaciones de la vida desde perspectivas completamente diferentes. Y aunque nunca sepa lo que en verdad significa ser un hombre, este libro le ayudará a entender al hombre con quien se casó. ¡Prepárese para un revelador, desafiante y gratificante viaje a través del corazón de su esposo!

ISBN 0-8297-1972-5

*Nos agradaría recibir noticias suyas.
Por favor, envíe sus comentarios
sobre este libro a la dirección
que aparece a continuación.
Muchas gracias.*

*EDITORIAL VIDA
8325 NW 53rd St, Suite: 100
Miami, Florida 33166-4665
Vidapub.sales@harpercollins.com
http://www.editorialvida.com*